Naturaleza
Nocturna

Naturaleza Nocturna

© 2003 Ambiental Publicaciones

Fotografías y Textos
© José B. Ruiz
www.josebruiz.com

Edita
Publicaciones Turquesa S.L.
Apartado de Correos 686
38080 Santa Cruz de Tenerife
Tfno.: 922 24 79 61

Ambiental Publicaciones
www.ambientalpublicaciones.com

Diseño y Maquetación
Patricia Sánchez Aniorte
Alejandro Ruiz Limiñana

Imprime
Cayfosa-Quebecor

Fotomecánica
TPA

ISBN 84-95412-19-5
Dep. Legal: B-49626-2003

Reservados todos los derechos.
Prohibida la reproducción total o parcial
de la obra en cualquier soporte.

Impreso en España.

Desvelos *pág 8*

Prólogo *pág 10*

El Mundo de las Sombras *pág 12*

La Noche
La Caída del Sol *pág 16*
La Noche del Cosmos *pág 18*
La Influencia Lunar *pág 20*

Animales Nocturnos
Ver sin Luz *pág 24*
Vuelos Nocturnos *pág 26*
Dormir *pág 29*

Dioses y Mitos
Miedos *pág 32*
Oscuridad *pág 33*
Nocturnos *pág 36*
Brujas *pág 38*
Sombras *pág 40*
Demonios *pág 42*

CUANDO EL SOL SE ESCONDE *pág 46*
NOCTÁMBULOS *pág 58*
EL DESVELO DEL AGUA *pág 72*
EL INFLUJO DE LA LUNA *pág 88*
BAÑOS DE ESTRELLAS *pág 104*
LA NOCHE Y EL BOSQUE *pág 114*
OSCURIDAD ETERNA *pág 128*
PAISAJES DE BRUJAS *pág 140*
LOS CUCHILLOS DEL FRÍO *pág 156*

MOTIVOS *pág 168*

A MI FAMILIA

DESVELOS

ESTE LIBRO ES EL RESULTADO DE INQUIETUDES, EMPEÑOS, CASUALIDADES, IMPULSOS, DESVELOS Y, SOBRE TODO, DE AMISTADES.

Nuestro amigo José María Valera ya no está entre nosotros. Sin duda su apoyo, aliento y compañerismo han dejado un hueco que no podremos llenar. Estas páginas quieren ser un pequeño reconocimiento a su gran persona.

Mi amigo Pepe Ródenas se ha encargado de que nada me falte. Además del suministro, la reparación y mantenimiento de todo mi equipo, accesorios y consumibles, me ha brindado siempre excelentes consejos y ha suplido mi falta de conocimientos en muchas facetas de la fotografía.

Mi amigo Pepe Ochoa ha estado siempre ahí. Juntos hemos compartido, aprendido y viajado. Él me ha enseñado mucho sobre las cosas que merece la pena saber. Los mejores textos de este libro están inspirados en sus escritos.

El apoyo de mis amigos José Antonio Moya y María Jesús Ortiz ha sido reconfortante. Me han ayudado en cuanto les he pedido y me han dado la oportunidad de realizar algunas de estas imágenes durante los rodajes que compartimos.

Mi amigo Belarmino Campos me ha acompañado en numerosos viajes para fotografiar tanto el paisaje de nuestra geografía, como algunos de sus animales más escurridizos. Su esfuerzo en construir ingenios mecánicos y electrónicos de todo tipo, ha dado como resultado el éxito allí donde yo solo hubiera fracasado. Su desinteresado apoyo ha hecho posibles muchas de estas imágenes y ha llevado más allá la calidad de otras.

Mi amigo Ramón Navarro ha puesto a mi disposición localizaciones de nidos y lugares frecuentados por algunas de las especies que hemos fotografiado. Su buen criterio hizo más fructíferas las esperas.

Antonio Gómez y Mercedes Beneyto, de quienes me precio de ser amigo, me han ayudado en cuanto he necesitado. De forma altruista Antonio me provee de la parte informática y técnica que precisa la fotografía. Mercedes ha revisado pacientemente los textos originales y debido a su labor son más inteligibles.

Mi amigo José Manuel Pérez Burgos me ha acompañado en algunas escapadas. Su interés, constancia y dedicación han provisto datos de gran relevancia y un sólido apoyo moral.

Mis amigos Pepe Moreno y Conchi Valdivia han apoyado ciegamente mis ocurrencias y han puesto su empeño personal

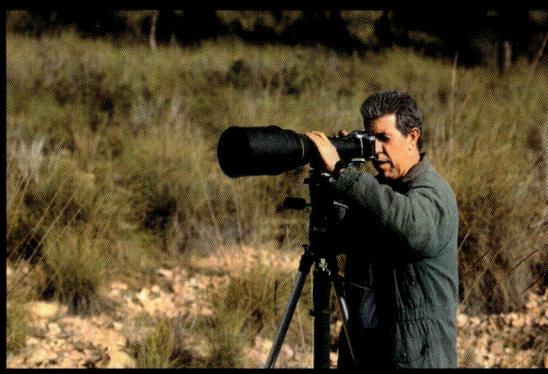

Con mi amigo José Julián Rico he compartido varios años de duro trabajo y esfuerzo por construir un banco de imágenes. Muchas son las horas que dedicamos a tal fin, muchos los viajes, los carretes, las ilusiones. Sin las fotografías que compartimos, este libro no hubiera sido posible.

Tanto mi hermano Alejandro como mi cuñada Patricia han dedicado buena parte de sus inicios profesionales a diseñar algunos de mis trabajos, en un empeño suicida. Fruto de su dedicación es el aspecto gráfico de esta obra.

Mi amistad con Helen Gilks comenzó en el mismo momento en que nos conocimos. Ella dirigió en buena medida mis comienzos como profesional y me transmitió valiosas opiniones, ideas y conocimientos sobre aspectos éticos y comerciales en la fotografía. También me dio la mejor oportunidad de disfrutar de mi trabajo.

Prólogo

HELEN GILKS.
Directora del Archivo Fotográfico en la Unidad de Historia Natural de la BBC.
En la actualidad se comercializa como Nature Picture Library.

La primera vez que conocí a José Ruiz, en 1994, fue en el impresionante entorno del Museo de Historia Natural de Londres -él había conseguido un galardón honorífico en el concurso "Wildlife Photographer of the Year" con la imagen de un alcaraván-. En ese momento yo era la directora del concurso y cuando llegó la información requerida sobre la imagen para la exposición, me quedó claro que José, además de ser un buen fotógrafo de naturaleza, también estaba implicado en su conservación. Aquel texto transmitía la esperanza de que sus imágenes contribuyeran en la conservación de las especies amenazadas.

Un año después recibí el encargo de crear la agencia de fotografía de la Unidad de Historia Natural de la BBC y José fue uno de los primeros fotógrafos que busqué. Su respuesta fue muy entusiasta y desde entonces ha sido uno de nuestros fotógrafos más activos. A lo largo de estos años hemos recibido varios miles de imágenes suyas en nuestro archivo. A través de su trabajo tengo la sensación de haber llegado a conocer la naturaleza española y sus paisajes.

Recientemente empezamos a recibir un significativo número de imágenes de aves y mamíferos nocturnos, junto con algunas imágenes únicas y diferentes de paisajes... fotografiados en plena noche. Estas imágenes, con líneas de estrellas en los cielos, tomadas en su mayor parte sin luces artificiales, despertaron en mí un sentimiento mágico. Por ello me complació mucho saber que todas estas fotografías iban a ser publicadas juntas en este libro "Naturaleza Nocturna".

No me queda duda de que la belleza de estas imágenes inspirará a los lectores para colaborar en cualquier iniciativa encaminada a conservar los paisajes únicos de España y su naturaleza rica y variada. Sé que ésta es la inspiración que hay detrás de las fotografías de José Ruiz.

Helen Gilks

EL MUNDO DE LAS SOMBRAS representa todo aquello que desconocemos, supone un mundo impenetrable en el que nos sentimos ajenos y desvalidos. Es en la oscuridad cuando nuestra inferioridad sensorial se hace manifiesta frente a unas criaturas superdotadas. Quizá es por ello que asociamos la noche al miedo.

Desde épocas remotas el Ser Humano se ha sobrecogido con la caída de las sombras y su imaginación ha corrido desbocada creando seres fantásticos, monstruos y todo tipo de criaturas sobrenaturales. La noche es el medio en el que se desenvuelven las brujas, los duendes, los espíritus y los demonios; seres sobrenaturales de la oscuridad que han desatado todo tipo de miedos, pues la noche pone a nuestra evolucionada mente fuera de control, presa de su propia capacidad imaginativa-. Poco ha cambiado, a pesar de los cientos de miles de años transcurridos, entre los sentimientos de aquel primitivo homínido refugiado en una cueva y el moderno Hombre del siglo XXI, enfrentados a una noche envolvente. Vivimos, hoy, una era tecnológica en la que hemos eliminado o controlado a los depredadores que en otro tiempo nos amenazaban, pero podemos intentar remontarnos hasta la Edad Media para comprender el terror que la noche despertaba: lobos, osos, linces, jabalíes, merodeando por los pueblos, los campamentos, los campos de labor; robando niños descuidados, ancianos que se aventuraban un poco más allá; incluso atacando abiertamente a grupos de personas y animales domésticos en sus frecuentes y largos desplazamientos. La noche y el hambre aliadas.

Las pupilas dilatadas frente a la hoguera veían en la espesura todo tipo de seres prodigiosos, de manera que toda una pléyade de animales pasaron a ser mágicos. Así fue como el toro, la lechuza o el murciélago entraron en el mundo de lo oculto. Civilizaciones antiguas como la etrusca, la egipcia, la griega, la romana o las orientales crearon sus propios mitos, trascendentes o no a sus religiones, y muchos de ellos estuvieron basados en la nocturnidad de los animales.

La noche, demonizada, tiene un secreto vínculo con la sangre. Está enfrentada con la religión pues en ella se peca, merced a la preponderancia del mal. La cruz se diluye en las tinieblas hasta el amanecer, que ahuyenta nuestros temores y significa el renacer. Noche plagada de ruidos, cantos, secretos aleteos y rumores que está, sobre todo, viva; disfrutada por seres que apenas conocen otra cosa que una protectora oscuridad. Y de cuando en cuando, se oyen de nuevo esos sonidos inquietantes, cuya procedencia nadie conoce.

El autor

La
Noche

La Caída del Sol

¿Cuándo empieza la noche? ¿Cuántas condiciones de luz se dan en ella? ¿Cómo viven los seres que se desenvuelven en su oscuridad?

Definir claramente la noche, en lo que a la Naturaleza se refiere, no es tarea fácil. Dada la cantidad de intensidades y condiciones de luz que se producen desde el crepúsculo hasta el amanecer, hay cierta dificultad en clasificar las especies nocturnas y las que lo son sólo parcialmente. En general, se considera que la noche, o la luz nocturna, comprende todas las condiciones de luz natural por debajo de la máxima intensidad de luz de la luna llena. Por ello, se considera animal de costumbres nocturnas aquel que, de forma habitual, completa las actividades de su ciclo vital, que realiza despierto, en condiciones de luz inferiores a las que se producen en hábitats abiertos entre la puesta de sol y su salida.

El crepúsculo es un fenómeno de límites imprecisos y es difícil definir su verdadera duración. Astronómicamente se considera que el crepúsculo se produce cuando una persona de vista normal puede apreciar estrellas de 6ª magnitud. La imprecisión en su determinación proviene de la subjetividad y de factores ambientales como la transparencia atmosférica.

Los cambios de nivel de luz durante la noche son complejos, ya que dependen de factores como la estación del año, la altura de la luna en el firmamento, su fase, la polución lumínica, la luz producida por las estrellas y los meteoros... A nivel internacional se admite la siguiente clasificación de luz de crepúsculo y noche:
- Crepúsculo civil: el centro del disco solar está 6º bajo el horizonte. Dura aproximadamente un tercio del astronómico.
- Crepúsculo náutico: el centro del disco solar está 12º bajo el horizonte.

- Crepúsculo astronómico: el sol está 18º por debajo del horizonte. Tiene una duración aproximada de dos horas en nuestras latitudes.

Las condiciones de máxima luz nocturna que podemos registrar van desde que un cuarto de luna está a unos 22º sobre el horizonte, hasta que la luna llena alcanza su cénit. Entre las fuentes de luz nocturna están consideradas las estrellas y las partículas atmosféricas. Ambos son fenómenos de luz natural que se aprecian en los casos de mínima luz lunar. La intensidad de la luz nocturna depende además de otros factores, como la que proviene de la entrada de meteoros en nuestra atmósfera, lo que denominamos como "estrellas fugaces", cuya cantidad no es arbitraria (se estima en 10^{10} por año).

Las variaciones de luz durante la noche son mucho más complejas que durante el día debido principalmente a los cambios de fase y altitud lunar. Como puede comprobarse en la tabla, esta diferencia tiene un máximo de 1,45 unidades de logaritmo de lux. Incluso las diferentes partes del disco lunar reflejan la luz de distinta manera.

La luz de la luna en su primer cuarto creciente es alrededor de un 20% más intensa que en su correspondiente menguante. También la distancia de la luna a la tierra en su ciclo afecta a estos niveles de iluminación hasta en un 26%.

A pesar de tener un albedo muy bajo -refleja únicamente el 7% de la luz solar- su gran luminosidad aparente es debida fundamentalmente al contraste con el cielo negro de la noche. La luz que la luna refleja está polarizada en proporciones variables. Nuestro satélite absorbe una de las dos vibraciones luminosas que le llegan desde el sol, de forma que prevalece sólo la más intensa, que está polarizada. La proporción de esta luz varía con el ángulo de la fase lunar. Alcanza su máximo en los cuartos lunares y queda anulada dos días antes y dos después de la luna llena.

Cuando la luna no está presente en el cielo nocturno, la iluminación procede de las estrellas y de las partículas atmosféricas. Esta tenue luz sufre variaciones dependiendo de la posición geográfica y la época del año. La calima

TABLA RESUMEN DE LOS NIVELES DE ILUMINACIÓN NATURAL			
Luz día (mayor nivel)	90º Altitud del sol	123786 lux	5,09 log lux
Luz día (menor nivel)	-0,8º id.	452 lux	2,66 log lux
Crepúsculo civil (mayor nivel)	-0,8º id.	452 lux	2,66 log lux
Crepúsculo civil (menor nivel)	-6º id.	3,4 lux	0,53 log lux
Crepúsculo náutico (menor nivel)	-12º id.	0,00829	-3,92 log lux
Crepúsculo astronómico (menor nivel)	-18º id.	0,000646	-4,81 log lux
Luz de luna (mayor nivel)	Luna llena 90º	0,371	-1,57 log lux
Luz de luna (menor nivel)	Cuarto de luna 22º	0,0133	-2,12 log lux
Luz de estrellas (mayor nivel)		0,0108	-2,03 log lux
Luz de estrellas (menor nivel)		0,00030	-4,48 log lux

atmosférica afecta notablemente a la luz en noches sin luna y se atribuye a las reacciones entre átomos de oxígeno de nuestra atmósfera y a partículas del espacio exterior que entran en ella. Las variaciones de luz ambiente proveniente de las estrellas y la calima pueden variar hasta 1,55 unidades de logaritmo de lux.

La polución lumínica de las grandes ciudades, inevitable, pero atenuable, puede ser vista a más de 100 km, especialmente en días nublados. Esta luz residual puede afectar a la actividad de algunos animales nocturnos, que están acostumbrados a niveles de luz más bajos. De forma similar el Ser Humano, que necesita unos 40 minutos para habituarse a la luz nocturna, puede precisar hasta varios días en el caso de haber estado expuesto a condiciones de luz intensa.

Hay especies ocasional o parcialmente nocturnas, que realizan o completan parte de sus actividades durante la noche. La actividad de un animal no sólo depende de la intensidad de luz en la que se desenvuelve, sino que además influyen complejos factores internos y externos, como la temperatura, la humedad y ritmos internos de actividad y descanso.

La tranquilidad de la noche es una de las frases hechas más conocidas y evocadoras, que asocia la oscuridad con sensaciones de completa inactividad y calma. Sin embargo esta es una idea errónea, apoyada en el completo desconocimiento de lo que realmente sucede durante la noche. El misterio que envuelve a la noche se basa en la ausencia de experiencias en nuestra vida cotidiana, que se desarrolla en el marco diurno, y en el desconocimiento científico. La sensación más generalizada es que la noche es *"la continuación del día pero sin luz"*. Nada más lejos de la realidad. La noche es un mundo completa-

mente diferente, con otras reglas, con animales que no se ven de día y con otros que desarrollan comportamientos diferentes al periodo de vigencia del sol.

La noche no está vacía, ni siquiera es tranquila, más bien todo lo contrario. Tal vez sea nuestro éxito como especie una de las causas principales de la nocturnidad de muchos animales, que no son estrictamente nocturnos. La sofocante presión que ejercemos durante el día en algunos hábitats ha obligado a muchas especies a cambiar sus hábitos y a desarrollar su actividad durante la noche.

La actividad nocturna es rara en el grupo biológico de las aves, pues tan sólo un 3% de las especies del mundo tienen un comportamiento totalmente nocturno. Esta infrecuencia ha llevado a las aves nocturnas a ser mitificadas por muchas civilizaciones. Uno de los mejores ejemplos es el de las rapaces nocturnas, que están imbricadas en el folklore, la religión, la literatura, la mitología... La atribución de supersentidos a estas especies ha sido una tendencia anclada en la admiración o en el miedo. Los problemas de percepción que supone la noche para muchos de nosotros y la enorme carga cultural y ancestral que tiene esa envolvente oscuridad,

nos hace inexplicables muchos fenómenos naturales que transcurren durante la noche.

Muchos mamíferos están mejor adaptados a la nocturnidad que las aves, ya que complementan el sentido de la vista con otros no menos desarrollados. En el mundo de los mamíferos somos, sin embargo, una especie extraña que desarrolla su actividad sólo durante el día. Los seres humanos que eligen la noche como tiempo de actividad son vistos con suspicacia y extrañeza, como mínimo. Hemos discriminado la noche, de forma que vivir en la oscuridad -lo que sería paradójicamente más natural- es muy difícil, ya que cesan la mayor parte de las actividades de nuestra sociedad.

El día ha restringido nuestros sentidos a lo estrictamente necesario, a un monopolio de la vista frente al anquilosamiento del resto de ellos. Tal vez un ciego que recuperara repentinamente la visión sería un buen referente de los sentidos perdidos. La dependencia de la luz afecta a todas nuestras actividades. Curiosamente la propia labor científica choca contra este muro y la biología de los animales de actividad nocturna es la menos conocida.

La Noche del Cosmos

Desde tiempos inmemoriales, la Humanidad ha observado el cielo con detenimiento. La estrella polar ha guiado barcos de todos los tiempos, las pléyades probaban las cualidades visuales de los oteadores de los ejércitos...

En la Antigüedad los más sabios en materia astronómica fueron los caldeos, que vivieron en Mesopotamia a partir del cuarto milenio antes de Cristo. Caldeo entre los griegos, era sinónimo de astrónomo. En cuanto al saber chino, se especula que debió ser moderado, ya que no hay certeza debido a que en el año 213 a. de C. todos los escritos existentes fueron quemados por decreto imperial. Los textos chinos más viejos que poseemos en materia de astronomía son el *Chu-King* y el *Che-King*, que no se remontan más allá del siglo IX a. de C. En Grecia la astronomía cobró gran relevancia y se estudió de forma completa y sistemática el Sistema Solar. Pitágoras, Anaxágoras, Filolao, Platón, Aristóteles, Arquímedes, Hiparco o Ptolomeo hicieron grandes avances en esta materia.

La astronomía moderna nace con Copérnico, que pasó buena parte de su vida observando el cielo nocturno. Su herencia fue recogida por los sabios Mästlin y Benedetti, maestros de Kepler y Galileo respectivamente, quienes lograron grandes avances en la nueva ciencia. Galileo murió en el mismo año que nació Newton, quien emprende la tarea de explicar el Universo. Su obra es la base de la ciencia de los siglos XVIII, XIX y principios del XX, en el que Einstein postuló nuevas teorías.

Los avances en astronomía, lejos de disipar los misterios del Cosmos, se han enfrentado a cantidades y magnitudes abrumadoras e irresolubles. Únicamente un segundo es lo que invierte la luz en llegarnos a la Tierra desde la superficie lunar y viceversa; es el primer cuerpo celeste con el que topamos, la primera escala hacia la infinidad universal donde el hombre ha dejado su huella. Nuestro único satélite natural, la Luna, es por sus dimensiones, el más grande del Sistema Solar en relación al planeta al cual pertenece; por este motivo, para muchos estudiosos, el sistema Tierra-Luna es considerado como un planeta doble. El interés científico por la Luna es indiscutible. Totalmente privado de atmósfera, prácticamente inmutable desde la formación de su corteza hace al menos 3.000 millones de años y expuesto sin resguardo al viento solar, a la lluvia de variadas radiaciones espaciales y de meteoritos, nuestro satélite es definido

por muchos planetólogos como un verdadero Mundo-Museo, un lugar que nos ofrece testimonio sobre hechos que se remontan al origen del Sistema Solar al que pertenece nuestro planeta, dentro de una pequeña galaxia cual es la Vía Láctea.

Con muchas cuestiones a resolver, se sabe que la Luna está en fase permanente de alejamiento de la Tierra. Se calcula que después de su formación, debía encontrarse al menos diez veces más cerca de nuestro planeta. Las muestras de rocas lunares traídas por las misiones *Apolo* y *Lunik* han resultado ser totalmente diferentes a la gran mayoría de los meteoritos y las rocas terrestres, aunque coinciden con algunos componentes minerales que encontramos en la superficie terráquea. La Luna tiene un diámetro ecuatorial un poco menor de un tercio del de la Tierra. Se mueve alrededor de nuestro planeta a una distancia media de 384.000 Km, con una órbita poco excéntrica. Mientras la Luna gira alrededor de la Tierra, nosotros vemos zonas variables de su hemisferio iluminado por el Sol, lo que conduce al fenómeno que conocemos como fases lunares.

Al carecer de atmósfera, hay una gran diferencia térmica entre las partes expuestas al Sol y las que están en sombra. Las primeras pueden alcanzar temperaturas de 105 grados, mientras que las segundas bajan a -155 grados. En la superficie lunar vista desde la Tierra se observan zonas más oscuras, en contraste con un fondo más claro, a las cuales los antiguos astrónomos llamaron respectivamente *mares* y *tierras* pensando que, como en la Tierra, se trataba de amplias extensiones acuíferas y de tierra firme. En la actualidad sabemos que nuestro satélite no tiene ni rastro de agua, aunque la antigua terminología se mantiene. De esta manera, los evocadores nombres de los *mares* lunares: *Lacus Somniorum, Oceanus Procellarum, Mare Tranquilitatis, Mare Imbrium* o *Mare Serenitatis*, se corresponden, paradójicamente, con áridas planicies.

Recientes investigaciones apuntan una clara diferencia entre los *mares* y las *tierras*. Los primeros son planicies de lava basáltica, semejante a la arrojada por volcanes terrestres, con una edad cercana a los 4.000 millones de años. En cuanto a las *tierras*, son altiplanos de superficie accidentada, compuesta por rocas volcánicas similares a las anartositas terrestres, con una edad geológica cercana a los 4.400 millones de años.

Además de *tierras y mares*, en la Luna se observa una gran extensión de cráteres de muy diferentes tamaños provocados por la lluvia de bloques, asteroides y meteoritos, que asolaron el Sistema Solar en el proceso de formación de los planetas. La falta de atmósfera lunar ha propiciado la conservación de estas "cicatrices" provocadas por los impactos. Hoy sigue cayendo diverso material estelar sobre la Luna, pero a un ritmo mucho más bajo que hace 4.500 millones de años.

En general, todo el suelo de la superficie lunar está recubierto por una capa de polvo y pequeños fragmentos cimentados entre sí. Este estrato, de entre 1 y 20 cms. de profundidad, recibe el nombre de *"regolita"*, cuyo origen, sin duda, hay que buscarlo en el continuo bombardeo de meteoritos; desde diminutos granos de polvo hasta auténticos asteroides. Además de los cráteres, recorriendo la Luna con una óptica de al menos 100 aumentos, se observan más estructuras físicas. Es el caso de verdaderas cadenas montañosas como las que surgen en los bordes del *Mare Imbrium*. La más conocida, *Apeninos*, tiene una longitud de 1.000 km. con alturas máximas de 6.500 mts. El conocido como *Monte Leibniz*, con 11.350 mts., cerca del polo sur lunar, es el más alto de la Luna, superando ampliamente la altura máxima del terrestre *Everest*.

En definitiva, e intentando recomponer una historia evolutiva de la Luna, podemos llegar a la conclusión de que sus inicios se produjeron alrededor de hace 4.500 millones de años, cuando nuestro satélite completó el proceso de adhesión de fragmentos de la nebulosa protoplanetaria. En ese momento se presentaba como una esfera recubierta por un océano de magma, que a medida que se enfriaba, los minerales se solidificaban, formándose con ello una corteza superficial de baja densidad que daría origen a las *tierras*. Hace aproximadamente 4.000 millones de años, con muchos planetas completando su proceso de formación, se produce un auténtico bombardeo meteórico, lo que debió causar una rotura en la corteza, apenas formada, con la consiguiente salida del magma aún líquido, lo que provocó la cubrición de grandes regiones y la formación de lo que conocemos por *mares*.

Finalmente, estudios y análisis acerca del magnetismo fósil de las rocas lunares nos ofrecen datos sobre la asociación que hubo entre el núcleo lunar con un fuerte campo magnético. Efectivamente, aunque la Luna en la actualidad carece de un campo magnético de geometría dipolar como el de la Tierra y otros planetas, el que fuera primordial pudo haber sido generado por un núcleo metálico más extenso, fluido y en más rápida rotación que el actual. Pasado el tiempo, y con el refundido del mismo a causa de la radioactividad natural y la solidificación de las rocas superficiales, el campo magnético se habría extinguido, que es como ha llegado a la actualidad.

Mientras que las condiciones de las órbitas planetarias se ajustan a un comportamiento regido por las leyes de Kepler, en cuanto a la atracción solar y a la distancia entre planetas, de forma que se pueden describir matemáticamente como *puntos materiales* móviles, el caso de nuestro único satélite es distinto. La órbita lunar no obedece a una forma y orientación constantes en el tiempo, y tanto su forma como su disposición en el espacio varían continuamente y de manera rápida. Nuestro satélite escapa a las leyes de Kepler por diversos motivos. Por su movimiento aparente en el cielo, sabemos que este periodo o *mes* lo completa en 27,32 días, que es el periodo de la órbita geocéntrica de la Luna y también es el de su movimiento de rotación sobre su propio eje, el denominado mes sidéreo. Esta coincidencia, reflejada en las mareas provocadas por nuestro satélite, hace que la Luna nos enseñe siempre la misma cara. Sin embargo, aunque la rotación de la Luna es uniforme, su movimiento orbital se produce con una velocidad variable, siguiendo una órbita elíptica. Por ello, el movimiento rotacional presenta periódicamente un ligero adelanto o retraso con respecto al movimiento de revolución, lo que provoca que podamos observar algo más del 50% de la superficie lunar, lo que se conoce como fenómeno de libración lunar.

Mientras la Luna realiza su movimiento geocéntrico alrededor de la Tierra, nosotros vemos zonas variables de su hemisferio iluminado por el Sol, lo que conduce al fenómeno conocido como *"fases lunares"*. En la fase de Luna Nueva, el satélite es invisible porque muestra el lado no iluminado por el Sol. Pasados aproximadamente dos días, se observa la llamada *"luz cenicienta"*, en la que se llega a averiguar la parte no iluminada de la Luna por la emisión de una tenue luz grisácea, la cual recibe reflejada de la Tierra. Una semana más tarde de la Luna Nueva se tiene el *Primer Cuarto*, visible hacia el Sur después de la puesta del Sol. Unos siete días más tarde, y visible toda la noche, tenemos *Luna Llena*. Por último, aproximadamente veintidós días después de la Luna Nueva se tiene el *Último Cuarto*, que surge hacia medianoche en dirección Este y permanece visible hasta el día siguiente. Después de esta fase, la hoz se hace cada vez más fina, hasta que el satélite se hace nuevamente invisible a nuestros ojos durante un período de cuatro o cinco días, para posteriormente reiniciar el ciclo. Este es el ciclo lunar completo, cuya duración es de unos 27,5 días y en base al cual se producen muchos de los procesos vitales de la Tierra.

LA INFLUENCIA LUNAR

"El sol es el principio de la vida. La luna, a la que con frecuencia se considera como de sexo femenino, es la que, por su parte, preside la noche y la que ampara a los muertos. Las ideas de luna, mes y muerte están relacionadas en más de una lengua y no sólo en las indoeuropeas. La luna es la medidora por excelencia, la que sirve para regular las acciones de los hombres, pero no la que da fuerza a sus actos: su luz es fría e indirecta, muerta.".

Julio Caro Baroja."Las brujas y su mundo". 1966.

Todas las civilizaciones primitivas, sin excepción, han adorado a la luna por sus atributos de fertilidad, ya que la consideraban como la responsable del crecimiento vegetal al estar en estrecha relación con el agua a través de fenómenos nocturnos como el rocío, la niebla, las tormentas y la humedad de la noche.

Hace ya mucho tiempo que se descubrió la sutil influencia de las fases lunares sobre las plantas y por eso es común sembrar en cuarto creciente y cosechar en cuarto menguante con el fin de recoger una producción más copiosa. También la madera debe talarse en cuarto menguante, pues de lo contrario la savia asciende por el tronco y la madera está impregnada de ella cuando se corta. Esta madera es muy pronto atacada por parásitos atraídos por el dulce alimento, así que la desmenuzan y la hacen inservible. En muchos pueblos y aldeas del norte todavía se cortan el pelo en luna llena para que crezca más despacio.

La influencia lunar, según la tradición popular, se deja sentir con fuerza en los nacimientos, que se ven incrementados con las entradas o salidas de las fases lunares. Las embarazadas acusan los caprichos de la luna en forma de *lunares*, que pueden transmitirse a la descendencia. Las estadísticas reflejan también la influencia de nuestro satélite en actos violentos o pasionales, como son los asesinatos y suicidios.

En alquimia el símbolo de la luna se asocia a todo lo mutable, lo cambiante. Expresa por tanto cambios de estado de la materia. La plata y los objetos realizados con ella están asociados a la luna, por lo que muchas personas creen que su posesión fomenta la imaginación y la fantasía.

En astrología la luna tiene una gran relevancia en el carácter de las personas. El signo zodiacal de *Cáncer* está regido por la luna. Bajo su influjo están los nacidos entre el 22 de junio y el 22 de julio. Es un signo de agua, el cuarto del zodíaco. Según el horóscopo los cánceres manifiestan un humor cambiante, oscilando entre la depresión y la euforia. Pueden presentar un carácter retraído, neurótico y sensible. Son amantes del hogar y la familia, a la que protegen con su caparazón y pinzas. Su símbolo, el cangrejo, entronca con la mitología de *Heracles* y sus doce trabajos. *Cáncer*, el cangrejo, era uno

de los centinelas de la *Hidra de Lerna*, monstruo de nueve cabezas al que *Heracles* mató tras ser mordido en un pie. Hera, esposa de *Zeus* y enemiga de *Heracles* transformó al cangrejo en constelación para premiarle con la inmortalidad. La constelación de *Cáncer* simboliza la *Gran Madre*. La luna es el arcano número XVIII del Tarot. La carta muestra a dos perros o lobos aullando a la luna, que mira la ciudad. El cangrejo y el agua son la base de la carta. Su aspecto positivo es sinónimo de intuición, imaginación, magia... su aspecto negativo es la fantasía arbitraria, los errores, la impresionabilidad.

La presencia de la luna en nuestras vidas es tan cotidiana que tiene consagrada un día de la semana, el lunes (en inglés *"Monday"*, de *"Moon"* y *"day"*, día de la luna), e incluso festividades católicas, como la Semana Santa, que se celebra, por Orden Papal de Silverio IV, en la primera luna llena después del equinoccio de primavera (20 de marzo).

Diversas teorías, algunas muy recientes, atribuyen a la luna un papel de gran relevancia en la historia de nuestro planeta. Sin lugar a dudas, la Luna ejerce una gran influencia sobre la Tierra, su atracción se hace patente sobre las masas de agua en forma de mareas. La corteza terrestre también sufre su acción y se eleva hasta 25 cm. A pesar de que la luna tiene menos masa que el sol, su proximidad a la tierra hace que tenga una mayor influencia. Las mareas vivas tienen lugar cuando el sol y la luna se alinean con la tierra, lo que sucede en cada luna llena y cada luna nueva, especialmente en los equinoccios. En este momento los continentes de Europa y América se aproximan más de 26 metros.

Aunque desde la antigüedad estuvo asociada al movimiento de la Luna en el cielo, la teoría cuantitativa de las mareas se debe a Isaac Newton. Este enunciado se basa en los procesos de atracción gravitatoria lunar sobre las diversas partes de nuestro planeta, con los desequilibrios provocados por la fuerza centrífuga debida al movimiento de la Tierra. Consecuencia de ello es la aparición de dos ondas de marea alta sobre los océanos terrestres, que *siguen* a la Luna en su desplazamiento. Esta marea alta se repite a intervalos de 12 horas y 25 minutos, que es el tiempo empleado por la Luna en regresar aproximadamente a la misma posición. Resultado de la atracción que la Luna ejerce sobre estas ondas es la ralentización de la rotación terrestre. De la misma forma, por reacción, el engrosamiento de las mareas terrestres empuja hacia delante a la Luna, la cual acelera su movimiento y con ello aumenta su radio orbital (3 cms. por año), lo que provoca una variación a largo plazo de la distancia media Tierra-Luna.

Muchas son las reflexiones que los científicos realizan en la actualidad sobre nuestro satélite. Hace 2000 millones de años, la Luna debía de estar mucho más cerca de la Tierra y con ello, su influencia sobre nuestro planeta

debió ser mucho mayor. El paisaje nocturno, con una luna de un tamaño hasta diez veces superior al actual, debió ser todo un espectáculo. Si como parece cierto, el origen de la vida primordial hay que buscarlo en charcas acuíferas o en lagunas poco profundas comunicadas con el mar, es lógico pensar que la mayor proximidad de nuestro único satélite, la Luna, influyera considerablemente en la evolución de las primeras formas de vida sobre nuestro planeta. De hecho, muchos ciclos vitales de seres vivos siguen latiendo al compás del mes lunar.

Animales
Nocturnos

VER SIN LUZ

Nuestro sentido primordial para percibir el entorno es la vista. El análisis del reflejo de la luz que perciben los objetos nos permite reconocerlos. Sin embargo, la luz que vemos es tan sólo una pequeña parte de las ondas electromagnéticas que nos afectan. Por debajo de la luz visible, en la frecuencia más alta del espectro, hay rayos ultravioleta, rayos X y rayos cósmicos. Por encima de la luz visible, en la frecuencia más baja del espectro, hay rayos infrarrojos, microondas y ondas de radio.

La nocturnidad exige el incremento de algunos o de todos los sentidos. Tal vez por ello se ha relacionado a los animales nocturnos con poderes y aptitudes especiales. La elevada sensibilidad olfativa y táctil de las especies de órdenes como *Rodentia* e *Insectivora*, las habilidades visuales y auditivas de las rapaces nocturnas o la ecolocación por ultrasonidos del murciélago han convertido a algunos de estos animales en símbolos y mitos de lo sobrenatural.

Muchos animales pueden percibir bastantes más frecuencias de luz que nosotros, de manera que pueden responder ante cosas que los seres humanos no podemos ver. También nuestro oído tiene limitaciones, pues somos capaces de oír las ondas de sonido que vibran entre 20 y 20.000 veces por segundo. Algunos animales perciben el sonido de vibraciones diez veces por encima de este nivel, mientras que otros perciben sonidos ocho veces más bajos. Todos nuestros sentidos están adormecidos frente a los de animales que dependen de ellos para sobrevivir.

Algunos animales, como las serpientes, son capaces de detectar la temperatura de los seres vivos. Las víboras poseen un par de lunares situados tras las ventanas de la nariz, que tienen una alta sensibilidad al calor. Cada lunar es como un ojo, pero que ve el calor en lugar de la luz. La imagen térmica cae en una parrilla de 7.000 terminaciones nerviosas que son tan sensibles que pueden notar un cambio de sólo 0,003 ºC. Estos receptores reaccionan de forma vertiginosa; realizan análisis con una frecuencia de 35.000 veces por segundo. La detección del calor le da a la víbora una gran ventaja en la oscuridad, en la que se mantiene activa sobre todo en verano. Incluso puede percibir el calor en las huellas de su presa, con lo que puede seguirla aunque haya pasado unos minutos antes.

Nuestro olfato es insensible comparado al de otros mamíferos, como el zorro. Para él los olores tienen una gran importancia y sin ellos no podría comunicar a distancia valiosa información sobre su estado reproductivo o su territorio. Nuestra membrana nasal cubre un radio de 4 cm^2, nada si tenemos en cuenta que la del lobo cubre 150 cm^2. Esta vasta superficie le permite tener un olfato un millón de veces más sensible que el nuestro. Incluso hay mariposas que detectan el olor de la hembra a varios kilómetros de distancia. Toda una proeza en comparación con nuestro mundo olfativo. Los escorpiones se mueven en la oscuridad. Sus patas tienen pelos especializados, muy sensibles a las pequeñas variaciones de la brisa. Los pelos, llamados *trichobothria*, se ven mecidos con suaves ondulaciones de 0,072 km/h, de forma que pueden detectar el aire desplazado por las alas de los insectos voladores. Además, perciben las vibraciones del suelo mediante membranas en las cutículas, que le permiten conocer la presencia de una presa a distancias de hasta 10 metros.

Los infrasonidos han descubierto el medio de comunicación de especies que parecían mudas, como es el caso de algunos reptiles. Entre las aves que incorporan sonidos infrasónicos en sus cantos, se encuentra el urogallo, que de esta forma puede transmitir mensajes a grandes distancias. Los paseriformes pueden oír los infrasonidos profundos de cualquier animal, ya que están dotados de una gran habilidad extrasensorial. Perciben extremos tan bajos como 1 ciclo por segundo. A estas frecuencias el sonido viaja casi sin detenerse, por lo que pueden percibir el batir de las olas del mar a cientos de kilómetros de distancia. Este mismo efecto se produce a determinada profundidad del océano.

Los ultrasonidos demasiado altos, en el extremo opuesto a los infrasonidos, son también inaudibles para nosotros. Por debajo de los 20.000 hertzios los animales más pequeños se comunican. Roedores como la rata, el ratón de campo o el lirón careto e insectívoros como el topo, la musaraña o el erizo acceden a estas comunicaciones privadas. Cuando juegan, los lirones se ríen como si fueran niños. De esta forma, diferencian un juego de las intenciones agresivas de una lucha con un congénere. Además, los lirones chillan mientras corren perseguidos por un depredador, porque los ultrasonidos rebotan en la vegetación y en los obstáculos del camino, lo que les resulta extremadamente útil para esquivarlos.

Los gritos de los murciélagos insectívoros pueden alcanzar frecuencias de 200.000 hertzios y detectar hasta el objeto más pequeño. Cada vez que regresa el sonido pueden componer una imagen del entorno. Por lo general, reciben estas imágenes 25 veces por segundo pero incrementando los chillidos pueden ver 200 imágenes cada segundo. El sonar de un murciélago le permite reconocer el tamaño, el peso, la velocidad de vuelo y el tipo de insecto volador al que persigue. A mayor frecuencia de sonido se obtiene mayor resolución,

pero se tiene menor alcance, ya que la atmósfera absorbe con facilidad estas ondas. Los murciélagos emiten sonidos consecutivos de diferente frecuencia para obtener mayor información y lo hacen, además, en distintas direcciones. De esta forma, mejoran la resolución de las imágenes que les llegan.

Muchas aves nocturnas, las pardelas, por ejemplo, utilizan un sonar audible para nosotros. No pueden utilizar ultrasonidos, pero se conforman con emisiones de 2.000 hertzios. Es un sistema rudimentario y poco preciso, pero lo bastante útil como para evitar colisiones y encontrar sus agujeros de cría.

Los delfines se mueven de noche en el agua con total precisión gracias a un infalible y eficaz sistema de sonar que les permite detectar hilos de hasta 1/3 de milímetro. Sus sistemas vocales pueden alterar la frecuencia de los focalizadores ultrasónicos, de forma que son capaces de emitir sonidos de burbujas, lo que aturde a sus presas. El delfín envía esta información confusa a su presa, que la oye, la confunde con un caos a su alrededor y de este modo la paraliza, convirtiéndola en una captura segura. El complejo sistema de percepción del delfín le permite escanear seres vivos como si tuviera rayos X. El agua, que conforma hasta un 90 % de los cuerpos de los seres vivos, no devuelve los ultrasonidos, cosa que sí sucede con los huesos y las cavidades de aire. Por ello la visión que los delfines tienen de otros peces no es más que un esqueleto en movimiento. De nosotros perciben los huesos y la cavidad pulmonar llena de aire. El potente escáner de los delfines detecta los embriones de las mujeres embarazadas, así como clavos de operaciones pasadas, marcapasos, huesos mal soldados, tumores... Todavía no sabemos lo que un delfín puede ver, pero se ha comprobado que con niños enfermos o discapacitados se comportan de una forma atenta y delicada. La gran cantidad de casos registrados y documentados de náufragos rescatados por delfines dejan poco lugar a la duda. Probablemente, la imagen que obtienen de nuestro esqueleto y cavidades coincida en buena medida con la que obtienen de otro miembro de su especie.

VUELOS NOCTURNOS

Hay aves que desarrollan cierta actividad en las horas crepusculares y nocturnas; tal es el caso de algunas aves rapaces de actividad diurna como el halcón de Eleonor o el cernícalo primilla, especies que han sido avistadas de noche cazando insectos de gran tamaño. Por el momento, sólo se sabe que este comportamiento no es anecdótico, si bien se desconoce con qué frecuencia y bajo qué circunstancias se produce. En el caso de la chocha perdiz, el cortejo nupcial se produce exclusivamente durante las horas crepusculares, cuando macho y hembra se encuentran en la espesura de un bosquete y se cortejan. El porqué de unas condiciones de luz tan precisas tampoco está claro, pero puede deberse a que es el momento en que algunos de sus depredadores forestales, como el gavilán, están ya descansando en el dormidero.

Las actividades desarrolladas parcialmente durante la noche no pueden catalogar a una especie como nocturna, ni mucho menos. Se trata más bien de una actividad desarrollada anecdóticamente en la oscuridad. Muchas otras especies, sin ser totalmente nocturnas, desarrollan regularmente ciertos comportamientos durante la noche. Con respecto a estas actividades, se ha comprobado lo siguiente:

- Hay evidencias de que estas actividades nocturnas se realizan de forma menos eficaz que durante el día. Es lo que sucede con aves como los limícolas, que se alimentan peor durante la noche, incluso en la misma zona.
- Cuando las actividades nocturnas ocasionales requieren el ejercicio del vuelo, éste se realiza en zonas abiertas, lejos de obstáculos con los que sufrir accidentes. Es el caso de rapaces como el halcón de Eleonor o el cernícalo primilla. De hecho, aves como el ruiseñor, que cantan en la oscuridad entre el ramaje, lo hacen estáticos desde unos pocos posaderos cada noche. Otras aves, como el rascón, cantan de noche y se mueven andando entre la vegetación, lo que apenas entraña riesgo.
- Aquellas actividades nocturnas que incluyen la alimentación suelen requerir la participación de sentidos diferentes al de la vista, como los táctiles, olfativos o auditivos.

De todos es conocido el hecho de que el ruiseñor canta de noche, pero no es el único. Otras especies de la familia de los túrdidos, así como algunos sílvidos, emiten sus cantos en la oscuridad, y lo mismo le sucede al alcaraván. Aves de costumbres diurnas, como muchas limícolas, zancudas o anátidas se alimentan de noche, especialmente en invierno. Algunas tienen una dependencia, en mayor o menor grado, de la luz proporcionada por la fase lunar, mientras que otras se ven influidas por las mareas. Se observa una gran actividad crepuscular en muchos paseriformes, así como lances de caza de falconiformes.

Aves marinas como los paíños se alimentan tanto de día como de noche e incluso a oscuras pueden localizar su

nido. Lo mismo les sucede a las pardelas, que emplean la ecolocación para encontrar la hura donde anidan. Los chotacabras desenvuelven parte de su vida en la oscuridad, en la que se alimentan y se reproducen. Ciertamente delicado, catalogar de forma superficial a una especie como diurna o nocturna.

Mucho más asombroso es el fenómeno de la migración y cómo las aves se orientan en la noche, incluso entre la niebla y con escasa visibilidad de las estrellas. En el caso de las migraciones, muchas aves realizan parte o todo el desplazamiento en la oscuridad; también especies básicamente diurnas. Viajar de noche tiene grandes ventajas, como la de pasar desapercibido a los depredadores, cruzar terreno inhóspito con mejores posibilidades, orientarse con las estrellas, etc. Sin embargo, no hay que olvidar que en ocasiones los bandos se desorientan, especialmente cuando hay niebla o con nubes densas, en las que las aves pierden la visión del suelo y del cielo y confunden otras luces potentes, como las de los faros, con la luna y las estrellas. Estas confusiones resultan fatales ya que en ocasiones miles de aves colisionan y perecen.

Recientemente, se especula con la posibilidad de que las aves puedan disponer de mapas topográficos detallados en su memoria, que resultaría ser prodigiosa, al igual que muchos de sus sentidos. Esto supondría que las aves serían capaces de memorizar los puntos de luz en la tierra durante su viaje, así como su intensidad. Volar de noche es sumamente complicado y los recursos deben cubrir cualquier eventualidad. Para nosotros el símil podría ser conducir de noche sin luces y a velocidades ciertamente de riesgo; sin embargo, las aves vuelan de noche con mayor seguridad de lo que nosotros conducimos un coche de día.

Se sabe que durante estos desplazamientos migratorios limícolas, como el correlimos común, pueden desplazarse de noche a alturas superiores a los 7.000 metros. Otras aves, como los gansos, pueden sobrevolar los 9.000 metros; incluso se han avistado aves por encima de los 12.000, en la zona inhóspita de la estratosfera. A estas alturas las concentraciones de oxígeno son cuatro veces menores que a nivel del mar y las temperaturas descienden por debajo de los -50 °C. El descenso de la temperatura a esta altitud es el precio a pagar por viajar con mayor seguridad, sin obstáculos.

En el mar, la profundidad equivale a la noche. Entre los 200 y los 1.000 m está la zona mesopelágica, un oscuro mundo incluso de día. Por debajo de los 1.000 metros, la oscuridad es perpetua. Mamíferos, como el cachalote, se sumergen hasta 3.000 m por debajo de la superficie, mientras que algunos reptiles, caso de la tortuga laúd, pueden profundizar en persecución de bancos de medusas hasta los 1.500 m. Unos 6.000 metros más abajo está el abismo. El cuerpo de un tiburón muerto que cayera desde la superficie tardaría dos días en llegar al

fondo. Pero aún hay vida en estas profundidades. Los animales que viven en esta oscuridad se alimentan de cadáveres, de cuerpos en descomposición que les llegan desde el mundo superior.

Dadas las diversas actividades que la fauna puede desarrollar de noche, resulta conveniente definir lo que significa ser una especie nocturna. Se denominan como tales aquellas que ejercen su actividad durante la noche a lo largo de todo año y desarrollan su ciclo vital completo en este marco nocturno.

Los alcaravanes tienen una gran actividad nocturna de forma regular; se desplazan a pie en busca de presas de las que alimentarse y también pueden volar en caso de que se vean sorprendidos. Los más recientes estudios evidencian que la vista es el sentido primordial que utilizan los alcaravanes para desarrollar sus desplazamientos nocturnos. De hecho, estas aves tienen grandes ojos con una gran sensibilidad a la luz. Las investigaciones también apuntan a un uso auxiliar del sentido del oído, con el que podría percibir a las presas moviéndose o bien emitiendo sonidos.

Las especies ibéricas de chotacabras, el europeo y el pardo, al igual que las setenta especies del género a nivel mundial, son nocturnas. Durante el día descansan en el suelo, mimetizados, mientras que al anochecer comienzan su actividad. Su dieta es exclusivamente insectívora, a base de invertebrados voladores que capturan en vuelo. Los chotacabras vuelan hacia los grandes insectos, mariposas nocturnas o escarabajos, o bien irrumpen en las nubes de mosquitos con la boca bien abierta, a modo de embudo. Las mandíbulas inferiores se abren formando una cavidad de 4 cm de diámetro por donde entran las presas. Donde hay vegetación, los chotacabras suelen volar sobre ella, en vez de sortear los obstáculos, lo que sería más peligroso. La vista es el órgano guía en estos vuelos de caza. Los chotacabras tienen además una membrana muy sensible en el paladar, que les permite reaccionar ante la colisión de un insecto. La membrana tiene un color rojo porque está densamente irrigada y su sensibilidad permite el cierre de la boca y la acción de tragar.

Las rapaces nocturnas desarrollan todas las facetas de su comportamiento durante la noche, por lo que son consideradas como especies estrictamente nocturnas. En la Península Ibérica son ocho las especies de rapaces nocturnas: el búho real, el chico, el mochuelo común, la lechuza común, la campestre y la gavilana, el cárabo común y el autillo son los representantes ibéricos de la familia *Strigidae*.

Estas aves de presa son capaces de detectar objetos en condiciones de luz de hasta 300 veces por debajo de nuestro umbral. Sin embargo, hay un mamífero, el gato montés, que todavía puede ver en una oscuridad mayor. El oído puede guiar a las rapaces nocturnas en la total oscuridad y gracias a este sentido pueden cazar a ciegas. Suelen esperar a que la presa se detenga para capturarla

con una gran precisión. En estos lances cinegéticos les son de gran ayuda adaptaciones como sus oídos asimétricos, situados a diferente altura en la cabeza, así como los bordes flecados de sus plumas, que les permiten volar sin hacer ruido.

Como es de suponer, volar a ciegas entraña un gran riesgo. Las colisiones de las rapaces nocturnas con cables y otros obstáculos se producen ocasionalmente, máxime si son sorprendidas y se ven forzadas a moverse en la oscuridad. Las especies territoriales se muestran más seguras en sus vuelos a ciegas puesto que el conocimiento de la parcela que defienden es muy preciso. Muchas aves tienen una envidiable memoria espacial, que además son capaces de retener durante periodos de tiempo muy largos. En el caso de una rapaz nocturna territorial, se evidencia la memorización de un mapa topográfico preciso del terreno en que desenvuelve su vida.

Tras intuir los elaborados mecanismos que permiten a las aves volar de noche varios miles de kilómetros durante las migraciones, nos sorprenderá menos la habilidad de una rapaz nocturna sedentaria para volar a ciegas en un territorio que conoce a la perfección. Tal es el caso del cárabo, entre otros. La pareja pasa su vida en un territorio que puede tener apenas 12 hectáreas; defenderlo es esencial para la supervivencia. Sus pollos, una vez expulsados del territorio de los progenitores, se enfrentan a un nuevo y desconocido mundo, donde se ven acosados por las parejas de cárabos de territorios aledaños, por depredadores y por el hambre, ya que en su nueva situación no conocen posaderos ni lugares de caza en los que poder cazar al acecho. Más de un 80% de las crías sucumbirán a las condiciones de este nuevo ambiente que les es desconocido. Una vez asentados en un territorio propio tendrán una esperanza de vida de entre 8 y 20 años. El caso de los cárabos es común a la mayoría de las rapaces nocturnas, si bien su territorialidad es de las más marcadas.

Las aves estrictamente nocturnas representan menos del 3% del total mundial. En el caso de los mamíferos la nocturnidad está más extendida, ya que están mejor adaptados sensorialmente a ella. Es una reminiscencia de sus inicios nocturnos en una época de terribles depredadores diurnos.

Dormir

El hecho de soñar siempre se ha relacionado con lo sobrenatural. Es el momento en que la mente se libera y en el que nuestros antepasados creían que podíamos contactar con los muertos o entrar en otros estados de existencia. Los sueños se originan en las partes más primitivas de nuestro cerebro, conocidas como cerebro reptiliano porque proviene evolutivamente de los mamíferos prehistóricos, más ligados evolutivamente a los reptiles. La necesidad de dormir es absolutamente primaria. Los animales jóvenes dedican más tiempo al descanso que los adultos y el sueño implica una actividad cerebral que estimula su desarrollo en los primeros estadios de la vida. Dormir requiere una preparación más o menos compleja, ya que hay que elegir cuidadosamente el lugar para hacerlo. Los animales no dejan esta cuestión al azar, no duermen en el lugar que la noche les sorprende, sino que tienen uno o varios dormideros preparados para pasar la noche a salvo.

En el caso del vencejo, se sabe que pasa la mayor parte de su vida en vuelo. Durante la noche sus constantes vitales se relajan y de esta forma el vencejo puede descansar mientras vuela. Dormir de esta manera podría parecernos muy arriesgado o muy cansado, pero el vencejo no lo hace en la forma que nosotros entendemos: una relajación de su acelerado metabolismo le permite descansar y reponer fuerzas. Su actividad es tal que puede recorrer distancias superiores a los 1.000 km en un día. Sólo se permite un relax en su vida aérea, y es durante la época de cría, en la que debe atender su nido.

Las aves rapaces que viven en cantiles, como el águila perdicera, disponen de varios dormideros para afrontar la noche. En los cortados de su territorio utiliza lugares estratégicos y resguardados donde dormir a salvo de las inclemencias del tiempo. Suelen ser repisas y posaderos a cubierto en grandes abrigos de las paredes verticales. Las aves localizan varios resguardos y los utilizan dependiendo de la intensidad del viento, de su orientación y de otros factores meteorológicos. Estos dormideros disfrutan de un microclima creado por la roca calentada durante todo el día y a resguardo de corrientes de aire, del relente y de la lluvia. Los lugares frecuentados por las aves rapaces para dormir o criar quedan marcados por sus excrementos, unas salpicaduras blancas que señalan su uso.

Algunas aves insectívoras de pequeño porte, como el colirrojo tizón, suelen buscar cobijo en cuevas, ruinas e incluso casas de campo o masías. Un farol bajo el alero del tejado, una maceta colgada en el rincón del porche, una caseta de aperos... son refugios apropiados para que estas aves pasen las frías noches de invierno. Ante una amenaza producida durante la noche el ave abandona esta protección y se ve expuesta a tener que buscar otro refugio a oscuras. Si pasara la noche al descubierto, probablemente sucumbiría a la helada.

Los gatos monteses duermen hasta 16 horas diarias. En su sueño se alternan períodos de 30 minutos de sueño ligero con 6 ó 7 de sueño profundo, en los que mueve la cola, las patas y maúlla. En el caso de cánidos sociales como los lobos, el sueño puede estar compuesto de pequeñas siestas más o menos prolongadas. Apenas dos horas de sueño reparador les basta para reponer fuerzas. Por lo general efectúan sus correrías durante la noche y el crepúsculo, mientras que pasan el día descansando en lugares sombreados y frescos. Las cortas siestas se suceden con frecuencia y durante las horas centrales del día se duermen más profundamente. Al igual que los gatos, durante el sueño registran movimiento ocular, de las extremidades y de los pabellones auditivos, y pueden emitir gemidos.

Hay mamíferos que no descansan en cubiles sino en encames. El encame es un refugio temporal en el que el animal, caso de la liebre o el jabalí, aplasta la vegetación y reposa sobre un lecho. La liebre encamada es muy difícil de descubrir visualmente, ya que se mimetiza con el entorno; aunque este camuflaje de poco le sirve ante el olfato de los mamíferos depredadores que la localizan sin demasiados titubeos. Carecer de un cubil excavado en el suelo o en una ladera tiene sus ventajas, así como sus inconvenientes. La ventaja principal es que el animal no tiene apego a un lugar concreto y sus movimientos son más imprevisibles. Es por tanto más difícil de localizar y de sorprender. El inconveniente asociado es que no hay un lugar en el que refugiarse y estar completamente tranquilo. Una vez dentro del cubil o madriguera, muchas especies, como la gineta, se sienten a salvo y pueden dedicarse a dormir profundamente sin preocuparse de amenazas externas. La liebre, sin embargo, no puede desconectar de esta manera y se ve obligada a relajarse durante cortos periodos de tiempo, pero siempre atenta a la aparición de un posible depredador. Las manadas de lobos nada tienen que temer de otros depredadores salvo, claro está, del ser humano. Los lobos tienen los sentidos muy agudizados y suelen desarrollar su vida en zonas deshabitadas y agrestes. Su condición de superpredadores y la seguridad que les dan ciertos factores de su biología, como la vida en grupo o el conocimiento pormenorizado del territorio, se deja ver en su forma de relajarse. Los lobos suelen dedicar largos periodos de tiempo al descanso. Con frecuencia varios individuos, en ocasiones toda la manada, pueden verse tumbados al aire libre dormitando. Realmente pocos animales de nuestra fauna pueden permitirse actuar así.

Dioses y Mitos

MIEDOS

La noche ha sido el marco perfecto para los misterios y enigmas de todos los tiempos. Toda clase de prodigios, de ritos, de crímenes y de miedos han sido fomentados por la oscuridad. El hallazgo de monumentos naturales de increíbles dimensiones, así como los creados por la Humanidad en tiempos remotos, han sido frecuentemente atribuidos a poderes maléficos que se amparaban en la oscuridad.

¿Qué debieron pensar nuestros antepasados ante espectáculos como la cueva de Altamira, los petroglifos de Mogor, los dólmenes de Menga o Soto, los grabados del Julan, las taulas baleares, los megalitos de Aralar o Sorguinetxe, la cueva de Valporquero y piedras andantes como la de Outeiro de Moimenta o la Pedra Abaladoira?

Además, en todos los tiempos las fuerzas desatadas de la naturaleza han asombrado a la Humanidad. Los rayos caídos durante las tormentas nocturnas siempre nos han sobrecogido. La sola contemplación de la dura roca fundida en forma de fulguritas o los troncos de grandes árboles partidos por su impacto, da una idea del poder que puede caer del cielo. El rayo es una descarga eléctrica que se produce entre la nube y la tierra mientras que el relámpago se produce entre dos nubes. En ambos casos se produce el trueno, un sonido que conmueve lo más profundo de nuestros temores.

Las estadísticas recogidas en noches de tormenta nos dan datos muy curiosos: los árboles que más rayos reciben son los chopos y los álamos, tras ellos se encuentra el roble, y algo alejado, el pino. Al parecer esta propensión guarda relación con el sistema radical, que incrementa las posibilidades cuanto mayor y más profundo es, así como con el hábitat de cada especie. Además del rayo y otros fenómenos meteorológicos fueron motivo primitivo de adoración el sol, la luna, la tierra y también el bosque, las piedras o el río, hecho que se mantuvo vigente incluso en la Antigua Grecia, en la que diversos motivos naturales convivían con deidades del Olimpo; formas primitivas y naturales reverenciadas en los mismos templos que dioses muy evolucionados y con grandes atributos de poder. Los animales fueron temprano motivo de culto, principalmente aquellos que sustentaban a las tribus con su carne o pieles. En otros casos, los adoradores encontraban similitudes que iban más allá de las presas comunes y estaban relacionados con la forma de vida o la organización. Era el caso de depredadores como el oso, o de las manadas de lobos.

Los cometas fueron casi siempre interpretados como malos augurios. En la Edad Media cualquier prodigio en el cielo que escapara a la compresión, era pronóstico de grandes desgracias. A finales del siglo pasado, los cometas *Swift*, *Brooks*, *Gale* y *Holmes* aterrorizaron a la Humanidad e hicieron temer grandes males. El cometa Haley fue avistado en los siglos I, III, XV y XX, siendo en todas sus apariciones relacionado con catástrofes. Aristóteles, Diodoro, Efón, Timoleón y otros cronistas de la época clásica refieren igualmente desgracias debidas a los cometas. ¿Qué pensarían hoy cuando es raro el momento en que los astrónomos no tienen a la vista algún cometa?

Los animales nocturnos han sido venerados como seres sobrenaturales no sólo por estar dotados de supersentidos muy por encima de los nuestros sino por el desconocimiento acerca de su tipo de vida. Son animales protegidos por la noche, en la que se mueven con total superioridad y que han sido símbolo de sabiduría y de poderes ocultos por encima de lo humano. Tal es el caso de las rapaces nocturnas, amplia y doblemente representadas en la mitología clásica y que posteriormente pudieron dar nombre a las brujas.

OSCURIDAD

Entre los ritos y creencias hay otro mundo: un lugar oscuro y subterráneo, en tinieblas, donde la noche impera siempre; el inframundo, más abajo de donde se entierran a los muertos. Por ello las cuevas son sagradas. Ellas nos permiten la entrada en la madre tierra y nos acercan a los seres que faltan. Las cuevas son la puerta a la noche eterna. En su interior vivían los dragones, cuélebres, gigantes y todo tipo de seres mitológicos y de leyenda. También moraron clanes de los antiguos, seres primitivos cuyos huesos y objetos quedaron diseminados en el suelo de la cueva. Los Otros, los casi hombres, los Neanderthales, estuvieron aquí y aquí murieron, donde ahora nosotros percibimos el giro vertiginoso y despiadado del tiempo. Sus restos convirtieron el lugar en mágico. En estas cuevas hubo, y aún hay, lugares de culto y adoración, ermitas y templos.

En sus orígenes la magia estuvo ligada a las mujeres, como artífices de uno de los mayores misterios, el de la fertilidad. La maternidad dio inicio al culto a representaciones de la misma en la forma de figuras femeninas de rasgos exagerados como la Venus de Willendorf, que data de hace unos 30.000 años o la Mater Mediterránea, que se remonta al 1000 a. C. La supremacía sobre los hombres se representaba mediante una serpiente, símbolo fálico o del mundo subterráneo y oculto, asida entre las manos de la figura femenina.

La doctora Margaret Murray, antropóloga, estudió a principios del siglo XX la supuesta adoración de las brujas al demonio. Al parecer las deidades fueron originariamente una Madre Suprema o diosa de la fertilidad y un dios de la caza masculino con atributos animales como cuernos o pezuñas. Un buen ejemplo puede ser el dios griego de la naturaleza, representado en *Pan*, una deidad fálica que representaba el apetito sexual. La imagen de este dios, rey de los sátiros, medio animal, medio hombre, fue adoptada por el diablo de la religión. Etimológicamente la palabra *"pánico"* proviene de *Pan*, un claro ejemplo de la demonización de esta deidad. Por supuesto, las adorantes de estos dioses ancestrales no pueden ser llamadas brujas debido a que la palabra fue acuñada mucho después, cuando se comenzó la persecución organizada. Para Murray la adoración a la fertilidad proviene de la pervivencia del antiguo culto a la diosa Diana. Según algunos autores la figura de Diana rivaliza en otras culturas e interpretaciones con las de *Herodiade*, *Holda*, *Noctiluca*, *Benzozi*a, *Domina Abundia* o *Dame Habonde*.

La oscuridad reinó sobre muchos dioses antiguos, crueles y sanguinarios. Civilizaciones como la azteca, la cartaginesa o la celta ofrendaban a sus dioses sacrificios humanos. Era la forma de contentarlos y de que les resultaran propicios en las batallas o en las cosechas. Los ritos nocturnos pretendían devolver su vigor a la tierra, que se había esforzado en producir fruto. Por ello se la regaba con sangre, en espera de una próspera recolección. Sacrificios de todo tipo se realizaban al pie de los ídolos insaciables. Particularmente sanguinario era *Baal*, dios de los cartagineses, alimentado desde su niñez con sangre humana. En su nombre entregaba la nobleza de Cartago a sus hijos más queridos, que eran sacrificados, muertos degollados en la noche y arrojados al fuego bajo la estatua del dios. Fue *Baal* o *B'l* una deidad popular a quien los cartagineses dedicaban los nombres de sus hijos -Asdrúbal, Adérbal, Aníbal-. Con el tiempo, fiestas sanguinarias como la de *Baaltain* se vieron sustituidas por las de *Beltane*, en las que se ofrenda alimentos al dios protector o a causas nocturnas destructoras de sus rebaños (linces, osos, tormentas...).

La mitología de las tribus del Viejo Mundo, como aztecas o mayas, posee dioses tan terribles y sanguinarios -sino más- como los de Cartago. *Tezcatlipoca*, llamado *Yoalli Ehecatl* -viento de la noche- que toma la forma animal del jaguar no es sino uno entre multitud de ejemplos. Es el dios del cielo nocturno y de la Osa Mayor; un brujo poderoso y maléfico que implanta la adoración mediante sacrificios humanos. El pueblo Maya no hace distinción entre la noche, el interior de la tierra, el devenir y la muerte, ya que todo está relacionado.

En las creencias y leyendas de todas las naciones siempre hay un lugar para la noche, la luna y sus seres.

La mitología sumeria-acadia recoge la creencia en *Sin/Nannar* que es la luna; padre de *shamash*, el sol. La luz de la luna es benéfica, ya que guía las caravanas, mientras que la del sol es implacable: quema y reseca. Su animal es el toro, cuya fuerza posee, y la media luna, sus cuernos. Para sumerios y acadios los eclipses eran señales terribles, ya que *Sin* se escondía para anunciar las catástrofes. Estas creencias se basan en una noche benigna y amable, mientras que el día es, paradójicamente, implacable y asolador.

En Egipto, los dioses relacionados con la noche son numerosos, dada la importancia que daba esta civilización a la ultravida. El alma de los muertos cruzaba la región tenebrosa de *Duat*, repleta de monstruosos seres y toda clase de peligros. Tras un juicio ante *Osiris*, el alma regresaba al cuerpo, si este había sido embalsamado. La diosa *Maat* es hija directa de *Ra*, el dios del sol y es muy querida por el resto de deidades. Es la representante del orden social y cósmico; por tanto artífice del día y de la noche, de las estaciones, del movimiento de los astros y de la caída de la lluvia. Es una diosa-felino, como *Bastet* o *Sekhmet*. *Anubis* es una deidad funeraria, representada con cabeza de chacal. Era el guardián de la necrópolis, ya que velaba contra sus semejantes, perros, chacales o lobos. Guiaba a los muertos al mundo inferior y se le rendía culto en la Ciudad de los Perros. La diosa del firmamento es *Nut*. Se le representa arqueada sobre la tierra, apoyada sobre sus pies y manos. Su cuerpo forma la bóveda celeste. Cada noche *Nut* tragaba el sol y lo paría al amanecer. Es una diosa protectora de los difuntos. *Amón/Ra* es hijo de *Geb* (la tierra) y de *Nut* (el cielo); nace cada mañana del vientre de su madre y hunde la noche en el abismo de los muertos. El dios *Thot* era representado con aspecto lunar.

La mitología clásica mediterránea recoge numerosos dioses y mitos relacionados con la noche. Según *Hesiodo* la noche y las tinieblas preceden a la formación de todas las cosas. A la noche se le asocian el color negro y también la muerte. La palabra noche deriva del nombre de la diosa *Nyx*, hija del Caos y madre del Cielo y de la Tierra. *Nyx* engendra el sueño y la muerte, las ensoñaciones, augurios y el engaño, pero también la ternura. Según la mitología clásica la noche puede prolongarse a voluntad de los dioses con el fin de permitir la realización de determinadas hazañas. La diosa de la Noche recorre el cielo sobre un carro sombrío tirado por cuatro caballos negros. Las ofrendas a *Nyx* consistían en animales hembras de color negro.

Para la mitología greca y romana *Aqueronte*, hijo de *Helio* (el Sol) y de *Gea* (la Tierra) durante la lucha entre los titanes y los dioses olímpicos traicionó a los segundos, al proporcionar agua a los titanes. Por ello fue castigado por *Zeus* y transformado en un río subterráneo: el que separa la frontera entre los vivos y los muertos. La mariposa de la calavera recibe el nombre genérico de *Acherontia* en alusión a la muerte que simboliza la calavera que luce en su tórax. Las sombras de los muertos se acercaban a la orilla del *Aqueronte* para ser recogidas por *Caronte*, el barquero que les conduciría al *Hades*. *Hades* no es sólo un lugar físico, es también la deidad de la muerte, un dios que habita en un mundo subterráneo y terrible, privado de contacto con los vivos; el *Erebo*. A él y a su homónimo romano Plutón, se les ofrecía sacrificios de animales y personas. *Erebo* se traduce por tiniebla u oscuridad y designaba a una entidad preexistente al Universo, Caos, junto con su hermana gemela *Nicte* (la Noche). Tras su separación, que dio lugar al Universo, *Erebo* pasó a ser identificado con las tinieblas de los infiernos y *Nicte* con la noche terrestre.

Artemisa / Diana es la diosa griega / romana de la castidad, la caza y la luz lunar; es diosa orgullosa y arisca que protege la castidad de las jóvenes y las doncellas. Su reino es la naturaleza virgen y salvaje. *Artemisa* pidió a su padre *Zeus* un arco y unas flechas que no son otra cosa que rayos lunares (las de su hermano

Apolo lo son de rayos solares). *Hécate* es una diosa lunar, infernal y marina, de personalidad sumamente inquietante. Está vinculada al mundo nocturno y todos los dioses, incluido *Zeus*, reconocen su omnipotencia. Se le representa en forma de perra, loba o yegua y domina la luna y la magia. Se alza en las cruces de caminos como la *Triple Hécate* de los sortilegios. Algunas tradiciones asimilan a *Hécate* a *Artemisa* y a *Selene* en un solo culto.

Los gemelos *Hipnos* y *Tánato* son hijos de *Erebo* y *Nicte*. El primero personifica el sueño y recorre incansablemente la tierra durmiendo todo a su paso. Tánato es la muerte y se le representa como un genio alado que acude a buscar a los mortales cuando su tiempo ha expirado. El Dios de los sueños, *Morfeo*, es otro hijo de *Nicte* pero con *Hipnos* como padre.

En otras mitologías es curioso encontrar creencias afines y esquemas basados en la dualidad básica. Es el caso de la indo-persa, en cuyas ideas están enfrentados *Ahuna Mazda*, el señor del mundo, con *Augra Mainyu*, quien reina sobre las tinieblas y el mal. La mitología africana *Dogon* también recoge dos dominios en el mundo; mientras *Yuruagu* domina sobre el desorden, la impureza, la esterilidad, la sequía, la noche y la muerte, *Nonimo* está asociado al orden y la pureza.

Entre las creencias árabes se destaca la relación que hay entre la noche y la inspiración en diversas facetas del arte. Los *Djins* fueron creados a partir del fuego por Alá, se mueven de noche a favor de la oscuridad, son invisibles y están dotados de inteligencia. Pueden tomar apariencias de monstruos y de animales familiares como el caballo y el perro. Los *Djins* otorgan la inspiración a los poetas, el talento a los músicos y el discernimiento a los adivinos.

Algunas creencias de tribus tanto norteamericanas, como polinesias, africanas o australianas adjudican a la luna y al sol el papel de esposos o amantes; ella siempre femenina y él como varón. Otra variante de esta relación también extendida por tribus de diversos continentes es la de que luna y sol son hermanos. La firme relación entre la luna y el sexo femenino queda muy patente para algunas tribus norteñas. En numerosas tribus esquimales los maridos impiden a sus mujeres contemplar la Luna durante mucho tiempo, ya que las incita a las orgías y desmanes sexuales.

Los dioses y otros seres mitológicos ligados a la noche en diversas creencias han sido terribles incitadores de sacrificios, oscuros guardianes de otro mundo, omnipotentes regidores de los destinos humanos, representantes del desorden o la impureza, temibles criaturas infernales... Pero en otros casos representan también rostros femeninos amables y protectores, guías de caravanas en los desiertos, criaturas inspiradoras, diosas fértiles... seres ciertamente benefactores que contrastan con los anteriores.

Un duro revés a la diversidad de creencias, supersticiones y mitos que se amalgamaban tanto en nuestra geografía, como en toda Europa, y aún en Sudamérica, se produjo en el medievo, cuando la lupa religiosa e inquisitorial desterró a dioses primitivos o extranjeros al paganismo, atribuyéndoles en muchos casos un origen diabólico.

Junto con los seguidores de Alá y de Jahvé, las deidades que con frecuencia habían sido adoradas de noche, en cuevas, o en templos sin ventanas, como *Loki*, *Lug*, *Belisana*, *Cernunnos* o *Baal*, fueron declaradas malévolas y arrastraron consigo a otras formas de adoración, más naturales o ligadas a la tierra, que quedaron olvidadas para siempre bajo la pesada e intransigente losa del catolicismo. En la religión católica la *Madre Ancestral* de numerosas culturas y tradiciones, representada con claros signos de femeneidad y sexualidad, es suplantada por una virgen que concibe mediante un acto espiritual. De esta forma se deja de lado cualquier relación con la sexualidad, hasta entonces exaltada.

NOCTURNOS

La noche ha tenido desde siempre sus propios dioses, seres poderosos que controlan los ímpetus desbocados, las pasiones, los deseos. Dioses y diosas antiguos que se ocultan bajo nombres diferentes, pero que tienen una misma cara: la luna. Además, la noche cobija a seres menores, a criaturas dotadas de poderes especiales, a solitarios emboscados, a proscritos y deformes, a seres añorados en aldeas y caseríos de las montañas pues pertenecen a un tiempo donde todo era posible: personajes anacrónicos que no tienen lugar en el mundo moderno.

A lo largo de toda la geografía del país hay creencias en seres que controlan, en diferente medida, las nubes y las lluvias; seres capaces de atraer las tormentas o de alejarlas. En algunos lugares son personas dotadas de estos dones, en otros, son seres desconocidos que manejan a voluntad los fenómenos meteorológicos. Los nombres que se les atribuyen son variados ya que esta creencia se reparte por todo el norte peninsular. Así se les llama *aidegaxto*, *nubeiro*, *nuberu*, *reñuberu*, *escoler*, *tronador*, *zancarrón*... Para conjurarlos hay fórmulas diversas, como quemar ramas de laurel, llevar una rama de majuelo en la cabeza, poner un hacha en el umbral de la casa con el filo hacia arriba, una guadaña en el portal o una hoz sobre el almiar. En muchas casas antiguas de Galicia y Asturias hay sobre el tejado unas piedras de punta, que son para alejar el rayo y las brujas. En ocasiones están confeccionadas con piedras fundidas por un rayo, de forma que la dificultad de que vuelva a caer sobre ellas, proteja la casa.

Las aguas de ríos, fuentes, lagos, estanques y pozas tienen sus seres, incluidos dioses, como el *Aironi* o el *Bormanus* de las aguas termales. De esta tradición prerromana han quedado restos topónimos como los Pozos Airones, en Cuenca, Burgos, Salamanca, Soria... Los seres menores son *anjanas*, *ondinas*, *donas d´aigua*, *gojas* o *alojas*, ninfas que moran en estos lugares.

En el mar, las creencias antiguas hablan de tritones u hombres pez. En el norte, sobre todo en Galicia, la tradición de los *hombres mariños* y las *sirenas* ha permanecido viva durante muchas generaciones. Incluso hay lugares concretos en la costa donde se cree que acudían con cierta frecuencia, especialmente a aquellos con formaciones rocosas a modo de tobogán hasta el mar. Entre los casos relatados destaca el de la *sirena de Lobeira*, datado en el siglo XVI en la costa coruñesa.

Las tradiciones hablan de otros seres con forma homínida muy vinculados al bosque y a la espesura. Están ligados a zonas pirenaicas los *simiots*; a los montes cantábricos, el *ojancanu*; a la montaña burgalesa, el *trenti*, cuya tradición se extiende hasta la zona noroeste del país, donde quedan grandes masas forestales. En Vizcaya se habla del *alarabi*; en Euskadi, del *basajaun* y del *busgosu*, en Asturias. En muchas ocasiones, la misma descripción del ser forestal vale para diversos nombres, según sea la tradición local. En Santander, la danza de la *Vijanera*, en la que los bailarines parecen bestias salvajes, ya que se cubren con diversas pieles de animales, nos recuerda a estos seres solitarios de la espesura.

La montaña asturiana conserva la leyenda de las lavanderas, unas hadas nocturnas de carácter maléfico. En Galicia se cree en el único caso de vampirismo propio de la Península, las *xuxonas*. Se trata de seres demoníacos que chupan la sangre de los niños, de forma que estos aparecen flacos y pálidos. También en Galicia existe supuestamente el llamado *urco*, o *güerko*, un perro con cuernos que corre por campos y bosques de noche. El folklore vasco nos refiere la existencia del *Gaueko*, un genio maléfico de la noche. De la misma forma hay seres y diablillos de formas y actos variados como el *cuélebre*, el *diañu*, el *marimunduko*, el *pamerialak*, el *sumicín*, las lamias, las *maris*, los *enemiguillos*, los *ingalius*, el *etxejaun*, las *guaxas*, las *estrías*, las *ayalgas*, el *ireltxu*, el *trastulillo*, los *trasgos y trasnos*... Algunos de ellos son duendes familiares que viven en el hogar y pueden realizar algunas travesuras de menor trascendencia. Toda esta retahíla de sátiros, faunos, duendes y diablillos de este y otros mundos tienen su parangón en quimeras, arpías, esfinges, centauros, minotauros, gárgolas o gorgonas extendidos por otras culturas.

La licantropía es una creencia extendida por buena parte de la península. El *lobishome* o *pare llop* es otra criatura de la noche. Su apariencia humana queda trasmutada bajo la influencia de la luna en un ser maligno que vaga por campos y montes. Para saciar su hambre ataca al ganado, a los animales salvajes y, como no, a los seres humanos que encuentra en su camino. La tradición dice que en caso de nacer en una familia siete varones seguidos, el último será lobishome. Hubo casos en Avedillo de Sanabria, Zamora; en Lagunilla, Salamanca; en Zarza de Granadilla, Cáceres o en Villafranca del Bierzo, León. En la vecina Portugal, las creencias y casos se multiplican. Diferente es el caso de *os peeiros dos lobos*: hombres, mujeres o niñas que sin ser lobishomes andan con lobos, comen lo que ellos, entienden su habla, participan en sus expediciones, etc.

Julio Caro Baroja recoge el caso de Ana María García, la lobera. Una asturiana nacida en 1623 en el concejo de Llanes que atribuía sus dones a una maldición, ya que sus hermanos abandonaron al padre, ciego, en el bosque, gritándole: *"Cómante los lobos, cómante las bestias"*. Confesó de propia voluntad que tenía siete lobos bajo sus poderes, que acudían a su silbido y obedecían sus mandatos. Cuando fue enjuiciada, acudieron pastores a declarar haber sido atacados por lobos tras negarle un favor a Ana o haberle causado mal. Ella, antes que negarlo, aportó nuevos datos y razones.

El viento ha sido otro de los portadores del mal. Una vez más uno de los elementos naturales desatados ha sobrecogido al Ser Humano. El *viento del cazador* es una creencia catalana basada en un siniestro cazador con sus perros fantasmas, que recorre el Canigó. Cuando este viento soplaba, los payeses se persignaban y acudían a la iglesia en gran número. El viento *Favonius*, recogido por Plinio y otros autores, dejaba preñadas misteriosamente a las yeguas. La sierra del Montgó y el Cabo de San Antonio, en Alicante, han sido testigos de esta creencia. Allí se llevaban las yeguadas de calidad, en determinadas noches, para que el viento las preñase y pudieran dar a luz corceles más rápidos. Con este fin se ataba a las yeguas con las ancas traseras en la dirección del viento y se les daba de comer para que estuviesen tranquilas. Con respecto a las creencias de influjo a través del aire en Galicia se cree que hay personas que *tenen o aire*. Son aquellas a las que un muerto les deja el aire de camino al cementerio. Es un influjo muy negativo y una esclavitud hacia el cadáver que lo embruja.

Otra de las creencias más extendidas y afirmadas en todo el país es la de *a santa compaña*, también llamada *buena xente*, *güestia*, *estadea*, *estantigua*, *izugarri* o *anima erretu*. Las ánimas salen de noche y van errando en busca de viajeros extraviados, cazadores o pastores. La procesión preludia la muerte de quien los ve, que además puede verse incorporado a esta hueste si acepta el alimento que le ofrecen. Contra esta visión se dice que hay que trazar un círculo en el suelo con una rama y permanecer dentro de él pase lo que pase. En sus Leyendas, cuenta Bécquer la del monte de las ánimas, que transcurre en el Moncayo, donde las almas de los antiguos templarios causan la muerte de un joven y la locura de su amada. Cuando se habla de la santa compaña se refiere el dicho *"Andar de día, que la noche es mía!"*.

BRUJAS

El origen de la palabra bruja no parece estar claro, si bien el vocablo ha estado siempre ligado a las rapaces nocturnas. El Diccionario de Autoridades de la Real Academia, que data de 1726 define como bruja a un *"ave nocturna semejante a la lechuza, aunque algo mayor, que de noche da ásperos chillidos, al modo de fuerte ruido, que forma al rechinar los dientes. Tiene la cabeza grande, los ojos como de búho y siempre abiertos, el pico corvo como ave de rapiña, las plumas canas y las uñas encorvadas. Vuela de noche y tiene el instinto de chupar los niños que maman y también las tetas de las amas de cría. Es voz antigua y sin uso. Lat. Strix, gis. Comúnmente, se llama la mujer perversa, que se emplea en hacer hechizos y otras maldades con aspecto de demonio y se cree o se dice que vuela de noche. Díjose así por analogía de la bruja ave nocturna"*. Igualmente en muchos diccionarios de principios del siglo XX como el *Diccionario completo de la lengua española*, del autor Rodríguez Navas, publicado en 1910, o el *Nuevo diccionario de la lengua española*, del autor José Alemany, publicado en 1925 el vocablo bruja proviene del griego *strigx, strigghos*; en latín *strix, strigis*, ave nocturna, pájaro funesto. De hecho es el nombre genérico del cárabo (*Strix aluco*), que pertenece a la familia *Strigidae* o estrigiformes; es decir, las rapaces nocturnas. Sus dotes sensoriales y su nocturnidad hacían de estas aves el acompañante idóneo para las brujas. Sin embargo, el *Diccionario Etimológico de Corominas* refiere que el término aparece escrito por vez primera en el año 1400. Dice que el vocablo *"bruja"* es de origen desconocido, seguramente prerrománico: *Broksa / Broiksa*. Una de las posibilidades manejadas supone que bruja designó primitivamente un fenómeno atmosférico borrascoso.

Otra de las definiciones dadas a las hechiceras, magas o brujas es la de *Stria* o *Stiria*, un vocablo que procede claramente del latín *Strix* (de nuevo estamos ante el género de las rapaces nocturnas). El binomio bruja - ave rapaz nocturna aparece por doquier, ya sea por etimología, por características afines (vuelo nocturno, depredación...) o por simbolismo. Los búhos y lechuzas están asociados también a los druidas, a diosas como Palas Atenea y, en general, al misterio, a los poderes ocultos. Lo que es irrebatible es que las brujas están ligadas a la noche. Sus ritos, reuniones, hechizos, remedios, recolecciones, acechos, maleficios... se producen al amparo de las sombras; bajo su secreto invocan a dioses antiguos y buscan aliados entre sus seres. La noche permite a las brujas obrar portentos y fascinaciones que el día no ampara.

Entre comienzos del siglo XV y mediados del XVII, en Europa Occidental se produce un fenómeno sin precedentes: la condena de un gran número de mujeres y hombres debido a una supuesta relación con el demonio. Lo disparatado de las acusaciones tan sólo encuentra eco en lo contundente de las sentencias. La condena a muerte afectó a más de cien mil mujeres -la mayor matanza de mujeres de la historia por causa diferente a la guerra-, mientras que entre doscientas y trescientas mil sufrieron torturas de diverso grado, mutilaciones, multas, destierros, humillaciones y estigmas indelebles. En América la reacción se produjo un siglo después que en Europa y se prolongó durante casi un siglo más que en el viejo continente. Quizá el hecho más conocido de la caza de brujas en ultramar sea el de las *"brujas de Salem"*.

Antes del siglo XV, cuando las brujas todavía no eran perseguidas de forma sistemática y la palabra bruja no estaba acuñada, hay constancia de hechiceras o magas, capaces de causar daño a distancia, que actuaban en solitario o como maestra y discípula. La figura de la hechicera está descrita en la literatura latina por Apuleyo, Horacio o Lucano y también en los códigos legales de los reinos romano-germánicos, que contemplan duras penas para las practicantes. La Bula Papal emitida por Inocencio VIII en el año 1484 reconoce la brujería como herejía y libera de su collar al cancerbero de la Iglesia Católica: la Santa Inquisición. Desde entonces las grandes carestías, las calamidades naturales, las epidemias, la desaparición de niños y jóvenes, la impotencia, la esterilidad de los animales, y cualquier suceso anormal o doloroso era achacado a pactos con el maligno.

A partir del siglo XV se populariza la palabra bruja, que reúne más connotaciones que la ya existente de hechicera. Bruja es, en esencia, la mujer que asiste al *sabbat*. El *sabbat* o *akelarre* tiene un significado de organización, de conspiración colectiva; una creación jurídico-teologal en la que apoyarse para justificar una persecución masiva: la caza de brujas. Es probable que la relación de las viejas hechiceras con el demonio comenzara en el siglo XIV, como se recoge en el interrogatorio incluido en el Manual del Inquisidor, de Bernardo de Gui, co-protagonista en la novela histórica, llevada luego al cine, *"El nombre de la rosa"*. Sin embargo, la acusación de participar en *sabbats* o reuniones nocturnas todavía no aparece porque, simplemente, no existe tal idea.

La caza de brujas dio como resultado la acusación por exceso de toda práctica o hecho sospechoso. Si las brujas supieron conservar durante siglos los saberes ancestrales del culto a la Tierra y a las fuerzas naturales, así como el uso mágico de plantas, animales y objetos de la naturaleza, a partir del fin de la Edad Media muchos de estos conocimientos quedaron enterrados o quemados con sus guardianas. Los ungüentos psicotrópicos, a base de plantas, hongos y excreciones de la piel de algunos anfibios que son alucinógenos, les permitía tener otra visión de este mundo y de otros del Más Allá. Lo que había sido sagrado para otras civilizaciones, cuevas, ritos, danzas, palabras, invocaciones, visiones, espíritus-guía... siguió siéndolo para las brujas, que mantuvieron sus reuniones y conocimientos en celoso secreto.

Si las brujas existían mucho antes de la Inquisición y causaban males a personas y bienes, ¿por qué no habían sido perseguidas antes por sus propios vecinos? La respuesta podría ser que realmente no causaban tales daños, sino que se mantenían al margen de la población, e incluso colaboraban con la comunidad, con sus virtudes sanadoras. Los monarcas de la época, de grandes concepciones imperialistas, continuaron con el quehacer iniciado por los Reyes Católicos: una cruzada en su propio país, aunque esta vez organizada por un cuerpo selecto, la Santa Inquisición, y con una estructura de apoyo de chivatos y delatores que cumplieron celosamente su cometido, llevando a tormentos o a la hoguera a miles de personas. Tal era el grado de autonomía de los Inquisidores que llegaron a someter a juicio y torturas incluso a personas apoyadas abiertamente por reyes y Papas. En la mayoría de procesos inquisitoriales se juzgaba a mujeres y hombres por motivos religiosos. Sabido es que los cargos contra los judaizantes, falsos visionarios, herejes y personas de vida disipada escondían en muchos casos deseos de venganza por parte de vecinos y conocidos; intenciones eclesiásticas de imponer su propio modelo de entender la religiosidad e incluso motivos de enriquecimiento de la propia corona, como sucedió en tiempos de los Reyes Católicos. Sin embargo, sorprende encontrar algunos juicios a brujas que resultan paradójicos y peculiares.

Brujas fueron las *feiticeiras*, las *magas*, las *barajeras*, las *bruxas*, las *fascinantes*, las *gitanas* y, en general, toda mujer de extraño proceder. Resulta sorprendente comprobar cómo en una época en la que la esperanza de vida solía ser bastante breve, la edad de las brujas, declarada en los procesos inquisitoriales, sobrepasa ampliamente los setenta años, incluso hay casos de longevidades por encima de los noventa y los cien años.

El perfil de la acusada de brujería es el de una mujer de baja condición social, edad media o avanzada y perteneciente a grupos sociales marginados, que con cierta frecuencia ejerce el curanderismo, tan arraigado en el pasado. En los inicios de la persecución las hechiceras no ocultaban su condición, ya que eran bien conocidas en pueblos y aldeas por la vecindad, que en gran parte les debía favores o las veía con buenos ojos, cuando no participaba de sus ritos. Sin embargo, pronto la hechicera pasó de ser *feiticeira* o *maga* a *bruxa*, *guaxa*, *xuxona*, *estría*, de carácter más destructivo; fue entonces cuando comenzó a ocultar su condición, debido a la inquina con que los nuevos tiempos la trataban.

Los poderes de algunas brujas asombraron a algunos inquisidores. Hombres acostumbrados a contemplar torturas, vejaciones y toda clase de daños físicos y morales, se sobrecogían en muchas ocasiones ante el poder de algunas brujas. Sorprende encontrar en procesos de los inquisidores *Torquemada*, *Deza* o *Gamarra*, casos en los que consta que la acusada hacía temblar o caer todos los objetos de la estancia o protagonizaba otros sucesos portentosos. Ante tales demostraciones, resulta muy curioso que algunas brujas fueran puestas en libertad y se les devolviera cuantos bienes les fueron incautados. Hay algunos ejemplos de estos casos en los que, ante una demostración física, la Inquisición se inhibía prudentemente y no causaba mal a la bruja, lo que era muy contrario a sus principios.

La Santa Inquisición empleó terribles instrumentos de tortura en aras de conseguir confesiones a cualquier precio, incluido el de la vida del interrogado. Sólo la visión de alguno de estos macabros inventos era suficiente en ocasiones para desatar confesiones de hechos inverosímiles. Máscaras corta narices, hierros de marcar, potros de tortura, sillas inquisidoras, cuñas de sodomitas y otros suplicios eran terribles en manos de los inquisidores, pero cabe imaginar un terror añadido en las víctimas ante su uso por tribunales populares no autorizados, hechos que se produjeron en plena fiebre colectiva de la caza de brujas. En el caso de que el interrogado sobreviviera a las torturas y confesara todavía podía ser condenado a muerte. Entonces se les colgaba el *Sambenito* o *Saco Bendito*, símbolo público de escarnio para los condenados a la hoguera. El saco bendito con una representación del demonio pintada se solía embrear para que el acusado ardiera con mayor facilidad.

En la actualidad se reconocen varios tipos de brujas en función del perfil de la practicante:
Bruja tribal: Persona marginada, ya que se sospecha que puede causar males con sus poderes sobrenaturales.
Bruja clásica: Hechicera con grandes conocimientos en medicina tradicional y habilidad como partera.
Bruja gótica o satanista: Bruja adoradora que invoca demonios y realiza magia negra. Es la bruja inventada por la iglesia cristiana medieval con rumores paganos.
Bruja neogótica: Son las modernas satanistas, que basan sus ceremonias y creencias en los procesos inquisitoriales y en las modernas concepciones fundamentalistas de la adoración al demonio.
Brujas neopaganas o feministas: Basan sus creencias en antiguas religiones cimentadas sobre la adoración a la tierra y su fertilidad.

SOMBRAS

Las reuniones de las brujas tenían como marco la noche, especialmente aquellas muy señaladas, como la de San Juan, la de Difuntos, o las elegidas por la luna. Para la bruja conocer el estado de la luna era un acto intuitivo, tanto como para nosotros saber el momento del día en que nos encontramos. Las fiestas religiosas, así como las reuniones se denominan *sabbat* o *akelarre*. Las brujas celebran cuatro *sabbats* importantes: *Imbolc* (1 de febrero), *Beltane* (30 de abril), *Lugnasadh* (31 de julio) y *Samhain* (31 de octubre). A estas celebraciones se les supone un origen muy primitivo que podría remontarse al druidismo o incluso a periodos anteriores.

Akelarre es una palabra euskera que significa, literalmente, prado del macho cabrío. Inicialmente fue el nombre de un paraje concreto, a la entrada de la cueva de Zugarramurdi llamada *Akelarrenleze*. Parte de las galerías de la cueva recibe el nombre de *Sorguinenleze*, de donde sale el vocablo sorguiñas - brujas. Además de en los conocidos *akelarres*, las brujas se reunían en las *Eperrlanda*, traducido del euskera como *"el lugar de la perdiz"*; otro nombre para designar los parajes de asamblea y ritos.

La participación o mera asistencia al *sabbat* era en sí la piedra angular de la acusación en los procesos inquisitoriales en la Europa continental a partir del siglo XV. En las imputaciones urdidas contra las brujas se utilizaron también argumentos como hacer pactos con el diablo o adorarlo, chupar la sangre a los niños, copular con el demonio, irreverenciar a la Iglesia Católica y sus sacramentos... todos ellos supuestos ingredientes de sus congregaciones.

Los autores de manuales de demonología realizan numerosas descripciones del *sabbat* y presentan varios puntos en común, como el vuelo nocturno de las brujas; el uso de ungüentos para poder volar; el asesinato de niños; la presencia física del demonio en la figura de algún animal; la adoración del demonio, representada en el *ósculo* o beso infame; los sacrilegios y blasfemias; el baile, el banquete y la orgía final, con coitos indiscriminados de los asistentes entre sí y con el demonio; el relato de los *maleficium* realizados desde la última reunión o el reparto de pócimas para seguir cometiendo actos malignos.

Las correrías y reuniones de brujas dejaron su huella a lo largo y ancho de toda nuestra geografía en los topónimos

populares de muchos lugares, como montes, fuentes, cerros, pasos montañosos, cuevas, llanos o abrigos naturales en roquedos:
Plá de les Bruixes, Gualba de Dalt. Barcelona.
Llano de Brujas, Alcantarilla, Murcia.
Cerro de la Brujera, Cáceres.
Bailadero de Brujas, Tenerife.
Llano de Monjas, Monte de las Mercedes, Tenerife.
Frontón de las Brujas, Monte Turbón, Huesca.
Cueva de la Suerte de las Brujas, Trujillo, Cáceres.
Llano de Brujas, La Palma.

El fenómeno de la caza de brujas estuvo extendido por toda la Península y hubo procesos en numerosos lugares. En las poblaciones referidas a continuación hubo tradición de celebrar *akelarres*, incluso hubo procesos contra las brujas y llegó a quemarse en la hoguera a muchas de ellas:
Abezames, Zamora.
Alaró, monte, Mallorca.
Almudaina, Alicante.
Amboto, sierra, Guipúzcoa.
Azcondo, cueva, Mañaria, Vizcaya.
Bastarás, Huesca.
Baulaque, la Gomera.
Monte Jaizkibel, Hondarribia, Navarra.
Pozán de Vero, Huesca.
Burguete, Navarra.
Campolengo, Navarra.
Cernégula, Burgos.
Montilla, Córdoba.
Rincón, Gran Canaria.
Robleda, Salamanca.
Veiga de Palo, Asturias.
Villarino de los Aires, Salamanca.
Zugarramurdi, Navarra.

Entre los factores comunes a estos lugares está el que fueron poblaciones pequeñas, relativamente aisladas, enclavadas en entornos naturales y con cuevas y bosques en las proximidades. La mayoría de localizaciones parecen, aún hoy, el marco perfecto para el desarrollo de sociedades secretas relacionadas con el culto a la Tierra o a los elementos.

Existen caracteres locales diferenciadores en la práctica de la brujería. Así, en las Islas Canarias, por ejemplo, el demonio se personaliza en forma de camello. Los componentes de los ungüentos y pócimas se obtienen, en las islas, de leche o tuétano de cabra o camella.

La caza de brujas en las Canarias fue un fenómeno de menor relevancia que en Europa, pero que también tuvo un gran impacto en la sociedad. La conquista de las islas Canarias finalizó cuando comenzaba la caza de brujas en Europa. Las islas eran un terreno abonado para encontrar motivos de brujería debido a su historia y tradición mágica. Además, la mujer isleña tenía gran protagonismo en la vida social, como se desprende de los relatos de los oráculos de Tamonante y Tibiabín, en Fuerteventura o de episodios que refieren la fiereza de las mujeres palmeras en combate. El derecho de propiedad sobre la herencia era de titularidad femenina, por lo que pasa de madres a hijas y se adora a la diosa de la fertilidad, como se puede confirmar por hallazgos arqueológicos de ídolos femeninos como el de Tara. La exaltación de la maternidad se producía en una sociedad donde la mujer tenía una gran presencia y unas libertades sin parangón en el continente. La mujer vivía su sexualidad sin inhibiciones ni prohibiciones, como verdadera protagonista, lo que sin duda debió asombrar a los conquistadores.

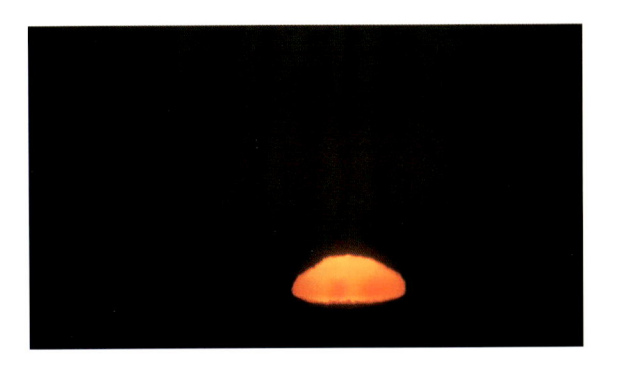

La mezcla de razas y la presencia de moriscas, esclavas africanas, berberiscas o peninsulares no supuso sino un acicate para la búsqueda de adictas a la causa de satán. Los procesos recogidos en el Archivo del Museo Canario muestran un indudable patrón preestablecido en las acusaciones. Éstas se basan en el menosprecio de los sacramentos, pacto con el demonio en forma de camello o cabrón negro, chupar la sangre a bebés, malograr las cosechas... por lo general, lo infundado de las acusaciones se deduce de la falta de datos y nombres de las víctimas, donde la acusación se muestra imprecisa. El hecho de que entre 1499 y 1714 fueran denunciadas por hechicería 1.136 mujeres frente a 109 hombres es una clara muestra del sexismo de este fenómeno. En las islas se llegó a crear un miedo colectivo contra las brujas, pero no se exteriorizó en forma de persecuciones masivas como en el continente europeo.

Los conocimientos sobre el uso de los elementos naturales (plantas, hongos, minerales...) pervive con fuerza en una sociedad que ha vivido y vive inmersa en el medio natural. Las sanadoras o *yerberas* siguen combatiendo males como *el susto*, que afecta a los niños y se manifiesta con síntomas de tristeza, mareos, vómitos... y otras dolencias propias del trabajo agotador al aire libre, como *quitar el sol* o *el mal de aire*. Los rituales de las modernas curanderas de las islas recogen, además de la curación con plantas, oraciones, rezos y santiguados que pueden provenir de la época oscura en que fueron perseguidas. Los rezos más fervientes se ofrecen a Santa Marta, a San Silvestre o a las ánimas del purgatorio."*Marta, Marta, la que los vientos levanta, la que los diablos encantala que guisó los vinos a los finados, la que quitó los dientes a los ahorcados, la que desenterró los huesos a los enterrados...*". Colección Bute, *The inquisition in the Canary Islands*.

DEMONIOS

Los demonios escenifican nuestros miedos más profundos a los seres intangibles y a los sucesos inexplicables. El nombre de los demonios ha sido pronunciado en numerosas lenguas y en numerosas civilizaciones, muchas de ellas ya extinguidas. Sin embargo algo se conmueve dentro del Ser Humano de cualquier país o religión cuando escucha nombres como *Lucifer, Lug, Loki, Cernunnos, Belial, Barrabás, Satán, Astaroth...*

Sus manifestaciones se han producido bajo las más diversas formas, desde un ser medio hombre medio animal, semejante al fálico dios griego de la caza *Pan*, un ser que habría conservado partes reconocibles propias de un ciervo o un toro, como los cuernos, las pezuñas o el rabo y poderosos atributos masculinos, hasta gatos, murciélagos, reptiles y otros animales. Un ejemplo de ello es el sapo, cuya forma utilizaba el maligno para mostrarse a religiosas como Santa Teresa o Sor Jacinta de Antondo, monja navarra. Los animales elegidos por el maligno para mostrarse con mayor frecuencia son el macho cabrío negro y el perro negro.

Belcebú, el señor de las moscas, se transformaba en una de ellas cada vez que salía para arruinar las cosechas. Pero sin duda la encarnación diabólica más sorprendente fue la propuesta por los luteranos, una corriente reformista del siglo XVI, ferozmente combatida por Carlos V. Para los luteranos el anticristo era... el mismísimo Papa.

Según la cultura apocalíptica judía hay un orden de espíritus (benignos o malignos) entre el género humano y el divino. Su morada estaría en el aire y posiblemente por ello se representa a las figuras demoníacas con alas. Las ideas hebreas y cristianas sobre el demonio parecen recoger las tradiciones sumerias y mesopotámicas. *Pazuzu* era, en Mesopotamia, el señor del viento y la tormenta, representado con cuatro alas. La diosa sumeria de la desolación fue *Lilitu*, una deidad nocturna que se alimentaba de sangre humana. También está representada con alas. La heredera de *Lilitu* en las tradiciones post-bíblicas hebreas fue *Lilith*, demonio de la noche y primera esposa de Adán antes de la creación de Eva. *Lilith* podría haber buscado en la serpiente, símbolo fálico y de lo oculto, un aliado contra la humanidad.

En muchos casos la maldad humana ha superado a la más terrible de las leyendas sobre seres demoníacos. A la condesa Erzsebet Bathory (siglos XVI y XVII) se le atribuye la muerte de más de 650 jóvenes mujeres. Su castillo de Csejthe era la prisión de sus víctimas, que eran mantenidas en cautividad hasta el día en que se les desangraba hasta la muerte, en la medida que sus costumbres de alimentarse y lavarse con sangre lo requerían. El sacrificio de niños recién nacidos, los mendigos empleados en probar la eficacia de los venenos inventados e incluso las terribles torturas y sacrificios a que se vieron sometidos las brujas, moriscas o judaizantes rivalizan con cualquier tenebrosa historia de las tradiciones.

Los males provocados por mediación del maligno causaban, como es lógico, una gran preocupación por el misterio que les rodeaba. Entre las prácticas atribuidas a las brujas estaban los meigallos, o maleficios sobre personas o cosechas, los anudamientos, fascinaciones, alunamientos, agüellamientos o males de ojo, filtros y prácticas para enamorar; además de los conjuros a fuerzas sobrenaturales, incluidos vientos como el *Egoya* o *Sorguin aizia*, el viento de las brujas, un viento del sur que se deja sentir a principios de la otoñada. Este viento les era propicio para hacer perder cosechas y ganados.

Para evitar estas maldiciones y enfermedades, así como para prevenir el contacto con seres diabólicos nace el talismán. Entre los talismanes que solían emplearse contra los hechizos menores, figuran los siguientes: el fullet, el kutun, las guías, las herraduras, las figas o higas, el diente de lobo, la cabeza seca de aves como la abubilla, las reliquias o las nóminas. También se solía llevar alguna redoma en el cuello con agua sagrada, leche de la Virgen, o algún líquido preparado especialmente contra el mal no deseado.

Una de las plantas más utilizadas como talismán era el hipérico, la especie medicinal por excelencia debido a la variedad de sus usos en medicina tradicional. Sus numerosas aplicaciones son conocidas desde épocas muy remotas. Es por ello que recibe el nombre popular de hierba de San Juan, como si se tratara de un regalo para aliviar numerosos males. Tiene la peculiaridad de que sus flores, de color amarillo dorado, se vuelven rojas al ser aplastadas. Uno de sus nombres populares más empleados antaño hace referencia a sus virtudes antineurálgicas y antidepresivas, así como a ciertas creencias paganas que le atribuían poderes benéficos sobre la brujería y encantamientos: *fuga demonum*, ahuyenta demonios.

En sentido opuesto, para las invocaciones de los demonios y seres malignos, surge, según la tradición, toda una variedad de fórmulas que utilizan plantas psicotrópicas. Una vez en contacto con el maligno en los *sabbat*, éste proveía a las brujas, y éstas a su vez entre sí, de información para realizar bebedizos, ungüentos y venenos con los que llevar a cabo sus fechorías. De lo más variopinto son estos ingredientes utilizados por las brujas. Algunos de estos elementos pueden proceder de antiguos ritos íberos o celtas, como las cabezas y manos de muertos, que se cortaban para diversas ofrendas. También el uso de plantas excitantes o de cierta toxicidad pueden provenir de la ceremonia íbera de la pubertad, consistente en la impregnación del glande masculino con sustancias excitantes como el látex de las euforbiáceas. Pero hay otros elementos como cuerdas y dientes de ahorcado, sangre catamenial, piedras mágicas, polvos de minerales, huesos, etc, que parecen de fórmula propia, espoleada por el quehacer de la Inquisición.

Los animales, o restos de ellos, empleados en brujería son muy numerosos: los gatos negros, gallos negros, lagartos, culebras, sapos, caracoles, huesos de animales prehistóricos o dragones, cornamentas de ciervo y otros animales, alas de murciélago, diversas partes de aves carroñeras como cuervos o buitres, dientes de lobo, salamandras...

Entre las plantas, hongos y sustancias vegetales, se utilizaban con profusión aquellas narcóticas o psicotrópicas, con las que hacían untes y pócimas. Las últimas eran bebidas, mientras que el ungüento se frotaba en zonas como las axilas, las narices, los labios, el ano o la vagina. Queda constancia del uso de hongos como los cuescos de lobo y las amanitas, y de plantas como la digital, el beleño, el cáñamo, la mandrágora, la cicuta... Muchas de estas plantas tienen graves efectos secundarios y producen la muerte con un exceso en la dosis de unas décimas de gramo, por lo que su recolección, conservación y uso estaban regidos por rituales estrictos para evitar las desgracias por sobredosis. Las personas que han experimentado con antiguas fórmulas describen placeres inimaginables y goces que van más allá de lo terrenal. En estos términos, no resulta difícil imaginar las orgías en que solían degenerar los *akelarres* nocturnos. Las bacanales celebradas en Roma en honor al dios Baco parecen haber inspirado los excesos que se plasman en la iconografía de los *akelarres*.

ALUCINÓGENOS.

En muchos casos las sustancias que nos llevan a explorar dimensiones desconocidas no son sino venenos en pequeñas dosis que suelen provocar adicción. Las sustancias empleadas como alucinógenas o psicotrópicas son, fundamentalmente vegetales, como la digital, el beleño, el cáñamo, la mandrágora, la cicuta, el estramonio, la belladona, el cornezuelo del centeno, el opio... y hongos como los cuescos de lobo, las amanitas, los inocibe...

El opio ha sido conocido desde antiguo. Su uso durante el siglo XIX fue muy extendido. Además de la proliferación de fumaderos, el opio se consumía en un medicamento muy común: el láudano. Este licor estaba hecho a base de resina de opio aromatizado con azafrán, canela y clavo. Sus efectos sedantes lo convirtió en elixir contra las enfermedades. El cornezuelo del centeno ha sido conocido también como cizaña. Es un fuerte alucinógeno que se cría entre los cereales y que se mezcla con ellos en la recolección. Pasa a formar parte de la harina cuando se muelen los cereales y la contamina.

De las lechetreznas o lletreras se extraía el látex y se amasaba en forma de bolitas pegajosas. Estas bolitas se fumaban y constituían un buen sucedáneo del opio. Su uso estaba muy extendido en las clases bajas de Italia y España.

El uso del beleño contra el dolor de muelas era conocido en la antigüedad más remota. El *papiro de Ebers*, datado hace unos 4.000 años, ya se refiere a esta virtud. Según una receta hay que cocer su raíz en vinagre para hacer un lavatorio contra el dolor de dientes. El beleño forma parte de la triaca de las brujas. Dado que estas plantas hacen enloquecer y engendran sueños muy graves, se usaron para hacer bebidas mágicas y filtros de amor. Sobre estos usos, muy populares entre los siglos XIII al XVII hay diversos tratados que hablan de las unturas de beleño en los sobacos, el bajo vientre, la vagina y el recto, que son absorbidas con rapidez y provocan fantásticas alucinaciones de realismo extraordinario. No pocas brujas acabaron en la hoguera por su culpa. Pero también se utilizó con éxito en operaciones quirúrgicas a partir del siglo XIV. Algunos autores hacen referencia a las similitudes entre embeleñar, embelesar y envenenar.

La belladona ha sido la reina de las plantas en brujería. Recibe su nombre de la expresión de dulzura que adquiría el rostro femenino tras utilizar el colirio hecho con esta planta. El ungüento de belladona se podía aplicar en las partes más íntimas con la ayuda de un palo circular, fuente del mito de la bruja que vuela sobre una escoba.

Afrodisíacos.

Una de las bebidas más populares empleadas para despertar la líbido es, sin duda, el vino. Es cierto que no resuelve graves problemas de impotencia, pero sí que desata los inhibidores de la *psique*, con lo que se ayuda a hombres y mujeres a superar los prejuicios. Para incrementar la sensación de gozo e incrementar la sensibilidad hay ungüentos, como el aceite de macerar las semillas de cardamomo, o absentas, como las realizadas con ajenjo, anís y orégano macerado en alcohol. Ésta resultaba una bebida muy popular, de color verduzco y fuertes efectos afrodisíacos, siempre que se tomara en dosis moderadas. Las pomadas a base de raíz de jengibre y ajo eran aplicadas en el siglo XVIII mediante botellas con cuellos ensanchados para poder introducir el órgano masculino y simplificar su aplicación.

Las especias han tenido un considerable papel afrodisíaco, al ser sazonadas en las comidas. Hay incluso constancia de la muerte de reyes por excesos cometidos con sus consortes debidos, al parecer, por el uso de especias.

El uso del opio se ve multiplicado si se utiliza de una forma reservada a aquellos que buscaban el placer de maneras más allá de las establecidas. Con la resina de la adormidera se elaboran unas bolitas del tamaño de un guisante que se enharinaban y se introducían por vía rectal.

Para las señoras muy inhibidas o poco fogosas se recomendaba la ingestión de ruda, y los ungüentos a base de bulbo de iris, así como las infusiones de frutos de ciclamen.

Desde Oriente llegan tradiciones que consideran como afrodisíacos la carne de tortuga, la de lombriz o la piel aterciopelada de las cuernas de cérvidos, así como los cuernos de rinoceronte reducidos a polvo.

Las mujeres romanas otorgaban al vino joven con polvo de coral rojo unas grandes virtudes para despertar la llama. Para el mismo fin se han utilizado las ortigas, las orugas secas peludas, murciélagos, partes genitales de animales, líquidos seminales, serpientes y elementos bastante escasos como el *hipoman*: una protuberancia carnosa que aparece en la frente de un potro entre cada varios miles, y se extrae en el momento de nacer.

Venenos.

Tal vez nos sorprendería saber cuántas muertes acaecidas a lo largo de la historia de la humanidad fueron provocadas. En el caso de los césares de la Roma Imperial, parece ser que hubo muchas muertes provocadas por venenos que pasaban desapercibidos, o bien que permitían la impunidad de sus artífices, pero antes y después de este periodo ha habido envenenamientos tan complejos como nuestra mente pueda imaginar.

Entre los tóxicos vegetales de más lenta acción hay algunos hongos. Las amanitas actúan de forma casi inmediata, pero en término opuesto hay algunas intoxicaciones de agárico y de inocibes que se describen como envenenamientos lentos que se manifiestan al cabo de un mes de su consumición, cuando muchos órganos ya han perdido sus funciones y degenerado de forma irreversible.

Los venenos podían ser administrados con menor sospecha por medio de alimentos de consumo diario como el pan o la mermelada. De esta forma podía prolongarse mucho el tiempo en que el envenenado padecía el efecto tóxico y sus síntomas en incremento (debilidad, cansancio, malestar, adelgazamiento, dolores...) podían ser atribuidos a otras causas. Para adulterar el pan y hacerlo tóxico bastaba utilizar en su masa harina de neguilla (*Niguella sps.*), semillas de acónito, belladona, digital o cicuta. La infusión preparada con estas plantas era mortal y de efectos bastante rápidos.

Unas cuantas semillas de ricino mezcladas en la comida con alubias, a las que son casi idénticas, resulta un plato sabroso pero mortal. Sus síntomas aparecen horas más tarde, por lo que resulta imposible aplicar un antídoto y el asesino puede hallarse ya lejos del lugar del crimen.

Entre los venenos más perfeccionados estaban la estricnina o el cianuro, de origen vegetal. De algunos minerales se extraía el arsénico, el mercurio y ciertos sulfatos. Los venenos eran afinados para evitar dejar rastros por alquimistas que después de hallar fórmulas satisfactorias eran asesinados. Durante el Renacimiento se vivió otra época dorada del veneno. Hermosas joyas huecas portaban los venenos, que podían así ser utilizados en cuestión de segundos, cuando se presentaba la ocasión propicia. El grado de refinamiento exigido en intrigas de muy alto nivel provocó la importación de venenos exóticos como la planta del rosario o la nuez vómica. La primera de ellas llegó a alcanzar precios más altos que el oro.

Las plantas abortivas se utilizaron muy profusamente hasta el medievo, si bien en algunas aldeas aisladas de nuestra geografía su uso ha persistido hasta nuestros días. Es el caso de la ruda o el perejil, que se empleaban sobre todo introducidos por vía vaginal. La esencia de sabina tuvo también este uso, que producía efectos de forma inmediata. En el mejor de los casos el uso de estas plantas sólo provocaba el aborto, pero muchas veces se producía la muerte de la embarazada.

El mundo animal ha provisto también excelentes venenos que actúan a través del sistema circulatorio, por inyección en la sangre. Los escorpiones, arañas como la viuda negra y la hormiga bala producen venenos potentes. Serpientes venenosas como la cobra o algunas mambas africanas provocan una muerte horrible. Su veneno podía ser extraído, concentrado e inoculado de forma contundente. Muchos sapos exudan veneno por las glándulas cutáneas. Las especies ibéricas producen líquidos lechosos o incoloros que causan irritación en las mucosas y efectos leves. Sin embargo algunas ranitas de Sudamérica pueden matar a animales mucho más pesados que el Ser Humano con sólo lamerla.

La raíz del acónito se empleaba para envenenar armas blancas como cuchillos, lanzas o flechas. El veneno en contacto con la sangre tiene una acción muy rápida. El uso de estos venenos concebidos para acciones de caza o de guerra pasó después, en las intrigas palaciegas, a dirimir complicadas cuestiones de poder. Un alfiler emponzoñado o un broche con un cierre obstinado... y el problema podía ser solucionado de forma rápida y limpia. En muchas pócimas para envenenar se empleaba la sangre y restos de cadáveres, sobre todo humanos, en la creencia de que portaba el *virus cadavericus*, considerado como responsable de epidemias de cólera, peste y otros males. Como mínimo aseguraba una infección de índole grave.

En la Edad Media, plantas tóxicas como la adelfa fueron los componentes de los *ramilletes mágicos*; un compuesto de flores que se dejaba en las habitaciones para que alguien muriera al respirar sus emanaciones.

Fueron muchas las sustancias vegetales y minerales que se emplearon para envenenar o para producir males. De hecho, se utilizaba a esclavas para acostumbrarlas desde niñas a ciertas dosis de veneno. Al principio las niñas apenas podían soportar unas milésimas de gramo y, por ello, muchas morían en esta fase de adaptación. Las supervivientes que llegaban a ser adolescentes podían tolerar varios gramos diarios de veneno sin resentirse. Estas mujeres recibían el nombre de venífricas y su poder tóxico era tal que podían matar con un beso o con el roce de una gota de sudor. Sin duda, regalar una esclava venífica a un enemigo era una buena manera de asegurarse de que éste dejara de serlo.

Podríamos pensar que las hechicerías, ritos sangrientos, conjuros y envenenamientos forman parte del pasado y que, en su mayoría, se han perdido en el olvido. Podríamos pensar que en nuestra avanzada y tecnificada sociedad del siglo XXI estamos a salvo de influencias malignas. Sin embargo nos sorprenderá saber que algunas valiosas informaciones obran en manos poco escrupulosas, que hay sectas destructivas que se anuncian en internet, que en nuestra sociedad de corderos hay lobos disfrazados al acecho. Ninguno de los horrores primitivos ha sido extinguido por completo, tal vez debido a que el mal encontrará siempre Seres Humanos en los que anidar. Como ya se dijo al principio la maldad humana ha superado a la más terrible de las leyendas sobre seres demoníacos.

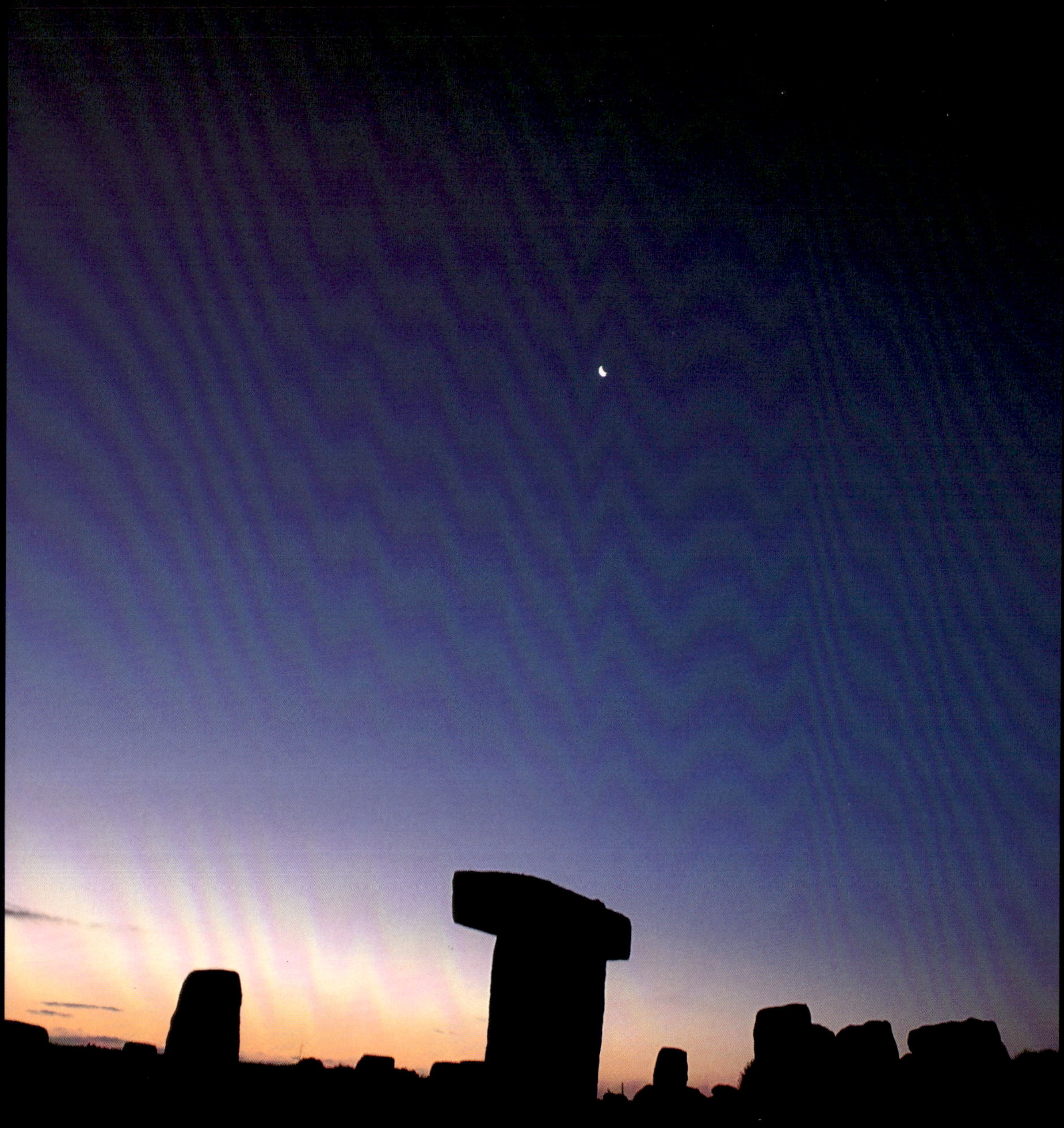

Cuando el Sol se Esconde

La noche es el enigma.
Apenas el vigía se duerme las criaturas de la oscuridad se ven propiciadas.
En la oscuridad nada permanece quieto.
La espiral comienza su giro en el cielo, la danza olvidada.
Y el Hombre se sobrecoge, ajeno a este mundo que lo ciega.
La pesada puerta de la noche se cierra y se invierten las miradas.
La presa acecha como cazador y el cazador se oculta temeroso.
Las barreras del Ser Humano se vuelven frágiles e invisibles para los viajeros,
amparados y guiados por el mapa celeste.
Una bóveda en apariencia estática,
pero con movimiento sutil de brújula.
La noche de los tiempos los envuelve como una madre comprensiva
y les da el amparo que precisan en su odisea.
La madre noche, contradictoria, tornadiza, lunática,
amable en su redondez y austera en su manto.
Noche intranquila.
Animada por el viento se abre la jaula del miedo, que corre suelto por los campos.
Aullidos y siseos, gritos y avisos desatados,
cantos de alcaravanes que previenen de la muerte

Castellfort

Tras una fuerte y tardía nevada en el Alto Maestrazgo los pueblos aparecen blancos. Anochece en Castellfort: el mirlo capiblanco se retira a dormitar mientras que la lechuza todavía no se ha despertado. Alrededor del pueblo la fauna trasnochadora comienza su actividad.

ERMITA DE SANT PERE

Más de siete siglos ha desafiado en pie la recia ermita de Sant Pere. Inmersa en unos montes austeros y curtidos de nevadas, ha visto cómo crecía el pequeño caserío de Castellfort hasta convertirse en aldea y luego en pequeño pueblo.

50 Naturaleza Nocturna

Ratón Casero
(*Mus musculus*)

Toda una familia de ratones ocupa la planta baja de las salas anexas a la ermita. Subido sobre una zapatilla de esparto un joven ratón curiosea desde su oteadero. Además de poder escuchar ultrasonidos, posee un olfato y oído privilegiados. Invisibles rutas y caminos de escape, trazados en la oscuridad y utilizados cientos de veces, le dan una cierta seguridad. Tanto que si pusiéramos cualquier objeto en su camino vacilaría por un momento antes de rodearlo. Los restos de la merienda del pastor que cuida de la ermita han quedado sobre la mesa de madera: una tentación irresistible para el ratón casero. Este roedor es una criatura rápida e inquieta que prefiere contenerse un momento, ante la vista del banquete, para husmear el aire y detectar posibles amenazas. Poco tiempo podría sobrevivir un ratón casero fuera de la ermita, en la nieve. Los protectores muros han constituido su pequeño mundo, del que nunca saldrá a menos que se vea obligado. En una dependencia que servía de almacén hay abundantes provisiones de grano y toda una serie de objetos y restos que investigar.

Cuando el Sol se Esconde

ESFINGE DE BANDA PLATEADA
(*Hippotion celerio*)

La larga y resistente probóscide de la esfinge de banda plateada le permite libar flores en vuelo o bien beber directamente de la uva madura. Esta característica trompa se extiende principalmente por medio de la presión sanguínea.

ESFINGE DE BANDA PLATEADA
(*Hippotion celerio*)

Las esfinges son mariposas de actividad nocturna a excepción de tres especies. Son reconocibles por un cuerno abdominal característico y por tener las alas anteriores estrechas con ángulos apicales muy agudos. Suelen tener un cuerpo muy robusto y una larga probóscide.

Torcal de Antequera

De noche, las formaciones geológicas del Torcal de Antequera parecen una ciudad de piedra. En efecto, una fotografía de larga exposición nos muestra un hábitat singular, donde aves y mamíferos de hábitos rupícolas encuentran un pequeño paraíso donde vivir. Los numerosos callejones, oquedades y alturas dominantes del paisaje ofrecen la necesaria seguridad a los mamíferos de hábitos nocturnos.

Erizo Común
(*Erinaceus europaeus*)

En uno de los rincones del Torcal, el erizo lleva buena parte de la noche en busca de alimento. El inicio del frío ha dejado los montes con déficit de insectos, y también ha pasado ya la época de los frutos, así que un simple caracol se convierte en un suculento manjar.

CABRA MONTÉS
(*Capra pyrenaica*)

Dos cabras monteses algo alejadas de la manada se sorprenden del destello de los flashes que iluminan el paisaje. Este mamífero es relativamente abundante en el parque natural del Torcal de Antequera. Varias manadas pastan en los pequeños prados, entre los grandes bloques de piedra, donde pueden ponerse a salvo en un par de saltos.

Ciudad Encantada

De noche el megalítico paisaje de la Ciudad Encantada de Cuenca parece la platea de una película de dinosaurios. Las enormes rocas con forma de hongos sólo cobran su dimensión real por comparación con los árboles circundantes. Hay tradiciones que otorgan al lugar un pasado mágico y misterioso, escenario de batallas y tumba de insignes caudillos opuestos a la opresión del Imperio Romano en Iberia.

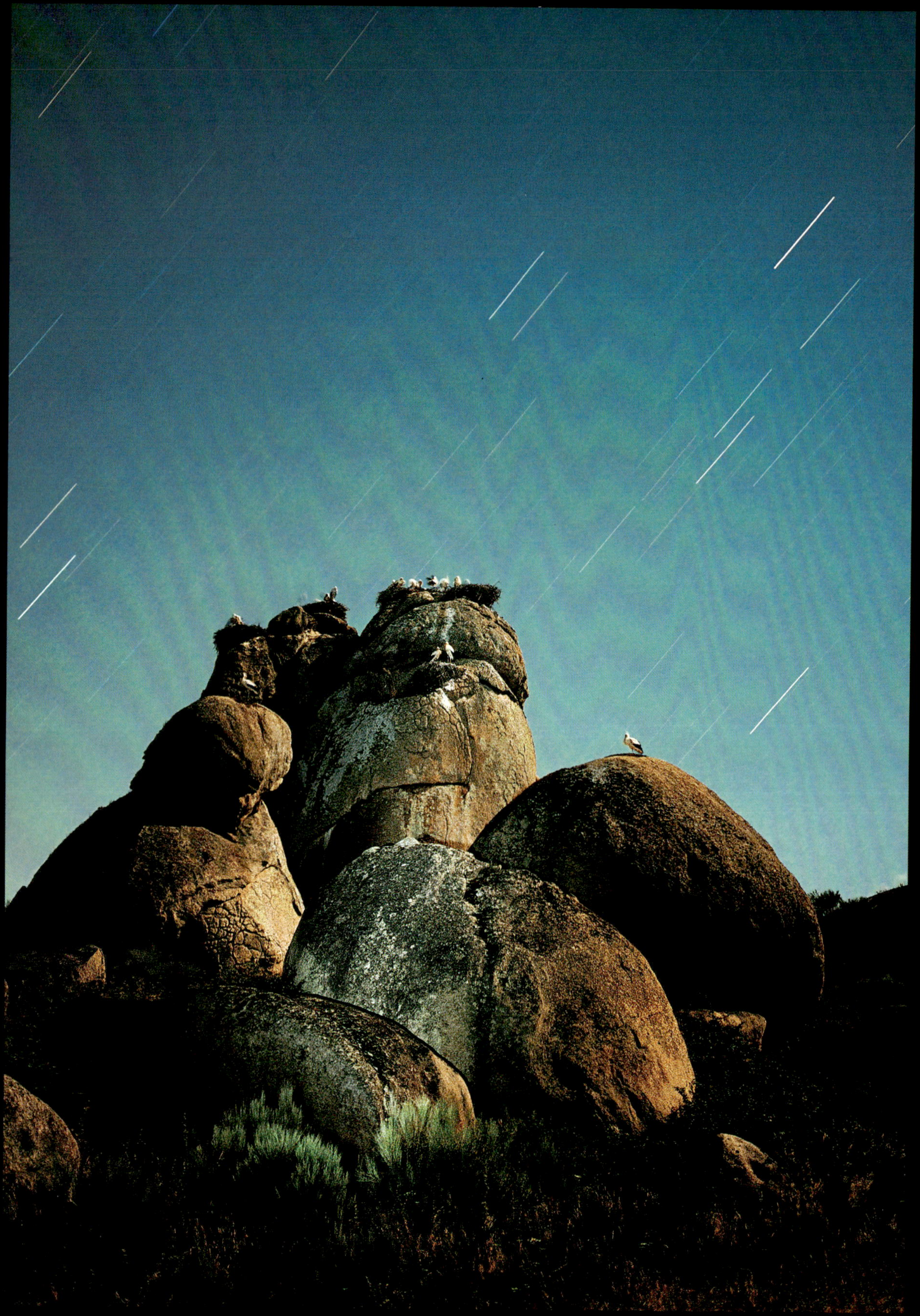

NOCTÁMBULOS

*La noche cae sobre los campos yermos
mientras los vientos barren la tierra aullando.
La mano de Caín reaparece tan solo un momento,
hasta que la oscuridad completa la desdibuja.
En las playas perdidas, en los valles desiertos y las cumbres solitarias,
en las ruinas y los cementerios, bajo las hojas muertas del bosque,
las criaturas de la noche se asoman y dejan brillar sus ojos.
Su aliento mueve la oscuridad y la anima; la llena de vida.
El frescor nocturno ahuyenta las fragancias secas del día.
Un mundo de olores.
Confundidos con seres mitológicos,
comadrejas, lirones, autillos, chotacabras y gallipatos
se escabullen dejando sólo una estela fugaz en la retina.
Una sutil impresión de haber sorprendido un impenetrable secreto:
el de su propia existencia.
Y los pequeños seres bullen tras los arbustos,
en los huecos de la piedra, en el río y la hojarasca.
Y aman, sufren, cazan y mueren en la oscuridad,
desapercibidos en un callado silencio.*

Esfinge de la Calavera
(*Acherontia atropos*)

Los vivos colores del imago de esta esfinge denotan su incomestibilidad. Los principios activos de las plantas que le sirven de alimento también la protegen. Cuando llega la fase de pupación la oruga se entierra bajo la planta nutricia y allí sufre la metamorfosis. En los sembrados de patatas y otras solanáceas los agricultores encuentran a menudo la pupa cuando cavan el suelo. La esfinge de la calavera tiene una llamativa coloración cuando es adulta, convertida ya en mariposa. Sus "peculiaridades" han despertado desde antaño en el Ser Humano el miedo y la superstición. En su dorso oscuro se recorta la blanca imagen de una calavera, sus partes inferiores poseen una coloración anaranjada y negra muy llamativa, aparece de forma muy irregular y ocasional, es capaz de emitir un sonido como un pitido cuando es capturada, la oruga se alimenta de plantas venenosas y se entierra para la metamorfosis, la mariposa se alimenta exclusivamente en las colmenas, cuyas paredes taladra en busca de miel y su tamaño es grande, por encima de los 10 cm de envergadura. Características éstas, junto con su nocturnidad, que no la han hecho parecer muy agradable a los ojos del Ser Humano.

NOCTÁMBULOS 61

PINARES DE PINO CARRASCO

El pinar de pino carrasco es un hábitat propicio para especies de porte pequeño, que puedan ocultarse de forma fácil en cualquier lugar, y con pocos requisitos alimenticios. Los depredadores alados nidifican en los grandes pinos adultos y en los cortados calizos aledaños.

RATÓN DE CAMPO
(*Apodemus sylvaticus*)

El ratón de campo habita tanto dentro como fuera de las casas de labor y masías. De su apariencia externa destacan los ojos saltones y los grandes pabellones auditivos. Durante la noche es una sombra fugaz en busca de alimento, compuesto por semillas, frutos e incluso carroña. Es presa habitual de los depredadores nocturnos, a los que sobrevive como especie por su alta tasa reproductiva.

La Masía

El entorno rural conforma diversos tipos de paisaje: campos abiertos en los terrenos dedicados al cultivo de cereales, arbolado disperso o denso en los cultivos de árboles frutales, o bien mixto en los campos de labor que lindan con el bosque. La característica afín a todos ellos es que durante la noche confluyen sus habitantes permanentes, con los visitantes oportunistas que provienen de los alrededores.

Salamanquesa Común
(Tarentola mauritanica)

Un pequeño y silencioso cazador, la salamanquesa común, acecha en un tronco del leñero la llegada de cualquier insecto. Una polilla de la mariposa gitana *(Arctia caja)* se ha posado en sus proximidades. La salamanquesa repta con rapidez y se aproxima hasta una distancia prudente para el último salto. Con un movimiento muy rápido la salamanquesa cubre la escasa distancia que la separaba de la polilla y la aferra con sus mandíbulas dotadas de dientes que sujetan a la presa. Un revuelo de pequeñas escamas sale de las alas de la gitana cuando se debate al ser apresada.

NOCTÁMBULOS 65

El Cazador Cazado

Una salamanquesa adulta que tenía su territorio de caza fuera de la casa en ruinas ha sido arrebatada por el mochuelo *(Athene noctua)*. El pequeño reptil se ha convertido en alimento para uno de los cuatro polluelos del mochuelo. En el momento de la captura se debatió entre las garras de la pequeña rapaz y perdió su cola.

El Paisaje Árido

El crepúsculo separa dos mundos poblados por seres de apariencias y comportamientos diferentes. Aquellos que descansan durante el día ocultos en madrigueras y oquedades comienzan su actividad en cuanto cae la noche. La nocturnidad de algunas especies, caso del mochuelo, es relativa, ya que se les ve con frecuencia de día, incluso cazando. Únicamente en aquellas zonas donde abundan sus depredadores diurnos, aves rapaces sobre todo, limita estas prospecciones diurnas.

El Cuco

La arquitectura rural en piedra seca es muy frecuente en zonas levantinas. El cuco es una construcción realizada por lo general entre varios agricultores para resguardarse de la lluvia o acoger a algunos animales de transporte. El hecho de que este cuco sea uno de los más grandes de la Comunidad Valenciana y su proximidad a una calzada romana puede hablarnos de un pasado estratégico en los desplazamientos de los ganados. De noche sus alrededores despejados de vegetación se transforman en una concurrida platea.

CHOTACABRAS GRIS
(*Caprimulgus europaeus*)

El chotacabras gris prefiere estos hábitats abiertos para poder volar sin obstáculos en busca de insectos, a los que captura en vuelo con su boca en forma de embudo. Los ojos de algunos caprimulgiformes son los únicos en el grupo biológico de las aves que poseen *tapetum* en la retina. El *tapetum* es un reflector de la luz situado en la parte posterior del ojo. Es el responsable del brillo de los ojos rojos de muchos mamíferos de actividad nocturna, entre los que se cuenta el Ser Humano. Su función es la misma en todas las especies: incrementa la cantidad de luz que reciben los fotorreceptores, con lo que aumenta la percepción del ojo.

TOPILLO
(*Microtus arvalis*)

El topillo sale de su hura de noche en los campos abiertos, donde sería presa fácil de día. Sus poblaciones experimentan estallidos demográficos con cierta periodicidad, cada 4 ó 5 años. En esas circunstancias algunos de sus predadores, como la lechuza, incrementan su tasa reproductiva merced a la abundancia de presas.

70 NATURALEZA NOCTURNA

BÚHO REAL
(*Bubo bubo*)

Hacia el mes de febrero el búho real examina su viejo nido en el cantil, que a menudo le ha servido como dormidero diurno, y prepara una pequeña cavidad en su interior. El cuenco se excava entre los restos óseos de sus presas y las egagrópilas desmenuzadas que tapizan el suelo. En él depositará de 2 a 4 huevos blancos que incubará durante un mes. Mientras dura la incubación y durante los primeros días de vida de los polluelos, el macho se aposta en su cazadero y aporta las presas al nido. Allí la hembra los trocea y los ofrece a su nidada.

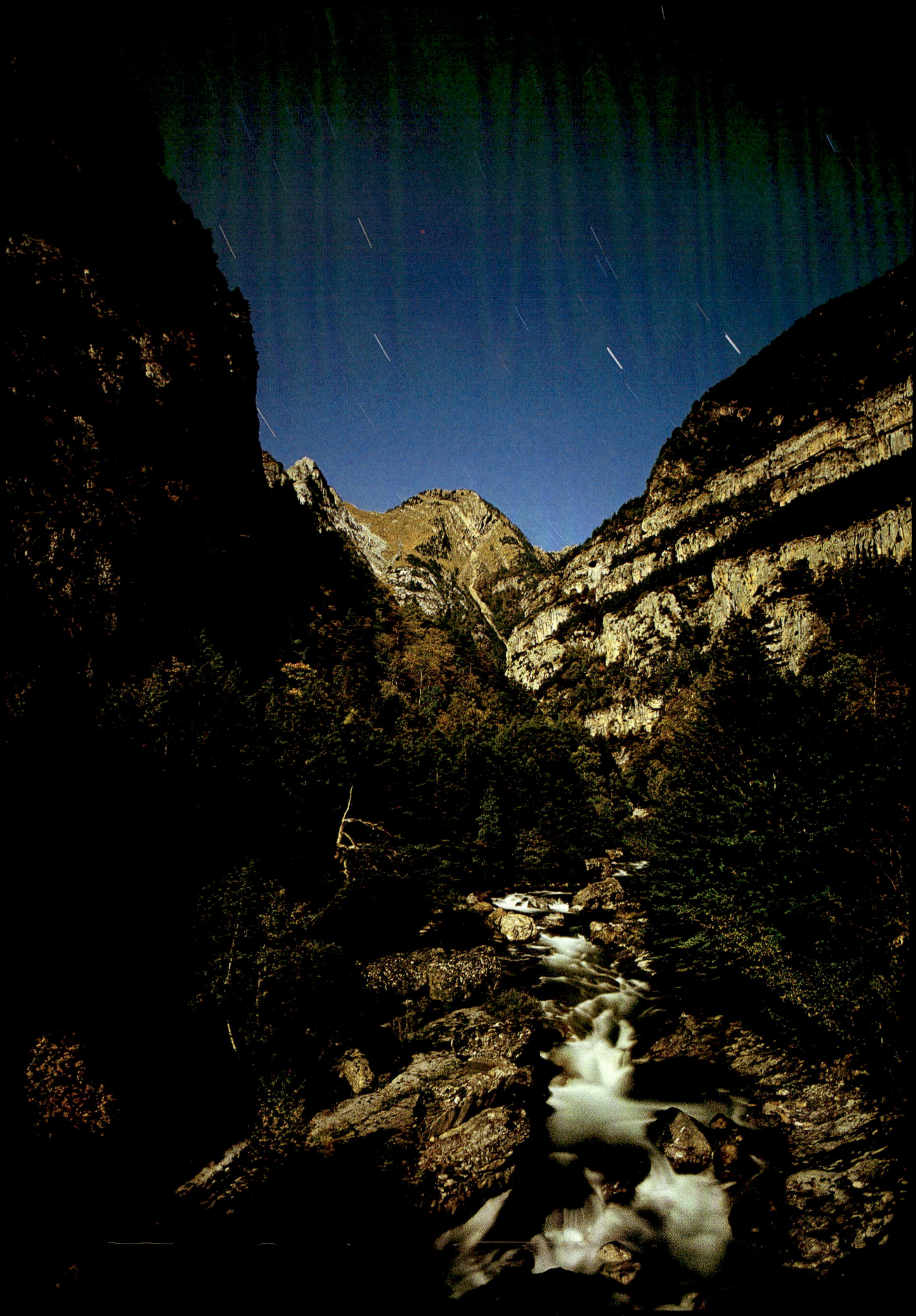

El Desvelo del Agua

Bajo el cielo frío y profundo de la helada noche de invierno
brilla la pupila azul de perdidas estrellas.
Rumor del agua en la fuente oculta que invita a beber su aliento.
Cantos velados del ruiseñor muerto,
dolorosos como la pérdida del ser querido.
El bosque negro respira humedad,
los robles monstruosos se mueven con el viento
y tienden sus ramas sobre la tierra gris.
Rumores.
Ritmos salvajes de criaturas a las que el crepúsculo vuelve invisibles.
Salen del lecho seres de húmeda piel:
recodos donde la soledad no existe.
Las aguas ocultan a las ardientes hijas de la noche,
que duermen en el fondo.
Sílfides, ondinas y faunos inacabados
de apariencias mutables y materia nunca vista.
Monstruo, demonio o mujer, que vela la espada que yace bajo sus aguas.

LA FUENTE DE PIEDRA

Una fuente oculta tras un recodo del camino ha perdido su caudal en verano, dada la ausencia de lluvias. Ello, sin embargo, no impide que el ruiseñor críe en sus proximidades y que los anfibios vivan en sus resquicios. Casi trescientos años contemplan la piedra hábilmente trabajada y ensamblada; muy pronto las lluvias del otoño volverán a animar el rumor de su caño.

Patinador
(*Gerris lacustris*)

Las charcas estables y los remansos del río están permanentemente patrullados por los patinadores. Durante la noche su actividad no cesa, salvo que las temperaturas desciendan notablemente. La capacidad de mantenerse sobre el agua, erguido sobre sus tres pares de patas, le otorga una gran ventaja sobre sus presas, que en muchas ocasiones son más vigorosas que el patinador. Algunos individuos llegan a perder alguna de sus extremidades en violentos combates cinegéticos o territoriales.

La Charca

Tras una fuerte tormenta que duró casi una semana la rambla se convirtió en violento torrente. Un mes después todavía quedan grandes charcas en su cauce. A ellas acuden al anochecer varios mamíferos para beber. Poco después será sobrevolada por chotacabras y murciélagos que capturan las pequeñas efímeras y otros insectos recién metamorfoseados.

Efímeras
Ephemeroptera

Las efímeras pasan buena parte de su corta vida en forma de larva, bajo el agua. El momento de la metamorfosis tiene lugar normalmente durante la noche. La larva madura sale a la superficie del agua en un remanso y trepa por cualquier rama o roca a su alcance. Una vez fuera, la efímera abandona su antigua piel y aspecto, descubre sus alas y espera a que el riego sanguíneo llegue a todas las partes de su cuerpo. Su vida como adulto es tan corta que apenas le queda tiempo para reproducirse. En unas pocas decenas de horas su vida terminará.

El Desvelo del Agua

SALAMANDRA COMÚN
(*Salamandra salamandra*)

Uno de los animales que más leyendas ha suscitado es la salamandra común. Ello se debe a su modo de vida anfibio, y a su coloración, que advierte del veneno que puede secretar por la piel. No pocas veces un depredador joven o inexperto ha capturado a una salamandra y se ha visto obligado a escupirla de la boca.

SAPO COMÚN
(*Bufo bufo*)

El sapo común alcanza un tamaño considerable, superior a los 20 cm. Las hembras son considerablemente más grandes que los machos, lo que supone una gran ventaja a la hora de evitar ser engullida por algunos depredadores, como es el caso de la culebra viperina. Se le puede encontrar incluso en terrenos secos, ya que sólo precisa del agua para la reproducción. Especie muy austera, puede soportar la congelación durante algunas horas y resistir más de un año sin probar alimento.

SAPO CORREDOR
(*Bufo calamita*)

En los primeros charcos de las lluvias primaverales ya puede verse a los machos de sapo corredor croando para atraer a las hembras. Su canto, emitido entre los 1.200 y los 1.850 hertzios, se puede escuchar hasta 2 km de distancia. Como mecanismo de defensa, similar al de otros sapos, hincha su cuerpo, levanta la parte trasera y se cubre de un líquido blanquecino tóxico.

BARRANCO DE LA ENCANTADA

El alto grado de humedad de las proximidades de nacimientos, regatos y riachuelos favorece la prosperidad de la vida. El agua sustenta a seres de apariencias poco conocidas, como las larvas de los caballitos del diablo.

MICENA
(*Micena sp.*)

En la superficie los hongos fructifican en forma de setas, que se alimentan de madera en descomposición, sobre troncos o piñas caídas. La micena es un hongo muy extendido por todo tipo de hábitats, con preferencia por los riparios y forestales.

CABALLITO DEL DIABLO
(*Ischnura sp.*)

El elegante caballito del diablo, similar a una libélula cuando es adulto, ocupa zonas riparias con remansos y charcas. Las larvas de los odognatos son máquinas de devorar alimentos y crecer. Pocas presas escapan a su voracidad y a su especializado aparato bucal.

TORMENTA EN CALBLANQUE

Una tormenta nocturna con gran despliegue eléctrico se aleja dejando tras de sí el litoral húmedo de lluvia. Calblanque, en el litoral murciano, atesora unos paisajes únicos de arenas doradas y negras pizarras, con unos elevados valores ambientales que, por el momento, han escapado a la presión urbanística.

CARACOL DE LAS DUNAS
(Eobania vermiculata)

Una lluvia breve pero abundante sobre la duna moviliza a miles de caracoles de las dunas. En cuanto detectan la humedad se desentierran y salen de sus escondrijos para aparearse y desovar. La consistencia adquirida por la arena mojada, les permite excavar con su pie una cámara de cría tubular donde depositan sus huevos, en número de varias decenas. Al día siguiente aves como la cogujada o la abubilla se esforzarán en encontrar los restos del masivo desove.

Río Ara, Pirineo Oscense

Los ríos están poblados por un gran número de especies que viven dentro y fuera del agua. Al caer la noche especies como los cangrejos, las ranas, los gallipatos y los tritones comienzan su actividad, sobre todo en aquellos cauces que durante el día gozan de menor tranquilidad. Es el momento de alimentarse, de aventurarse en las orillas, de desplazarse a nuevas zonas.

PUENTE ROMANO SOBRE EL LLOBREGAT

Como un perfecto anacronismo el puente romano sobre el río Llobregat se yergue en recuerdo de otras épocas. Nada tiene que ver el aspecto actual de este cauce, con el que debió tener en el medievo, cuando fue construido. Además de haber sido mucho más caudaloso, sus orillas estuvieron pobladas por una exuberante vegetación y una abundante fauna.

Cascada del Arroyo de la Luz

En el Valle del Jerte, en la zona más norteña de la provincia de Cáceres, el río que le da nombre recibe el aporte de numerosos arroyos que bajan a su encuentro desde la Sierra de Gredos. El Arroyo de la Luz conforma una impresionante cascada que desciende por un roquedo erosionado a lo largo de varias decenas de metros.

Los Corredores Naturales

Los ríos de nuestra península acaban viendo sus cauces degradados en mayor o menor medida. Las presas, saltos para obtención de energía y las poblaciones establecidas en sus cauces han provocado serias alteraciones en su ecología. Aún así es notable su papel como corredores naturales, por los que la fauna puede transitar a salvo de carreteras, vallados y obstáculos que dificultan su dispersión.

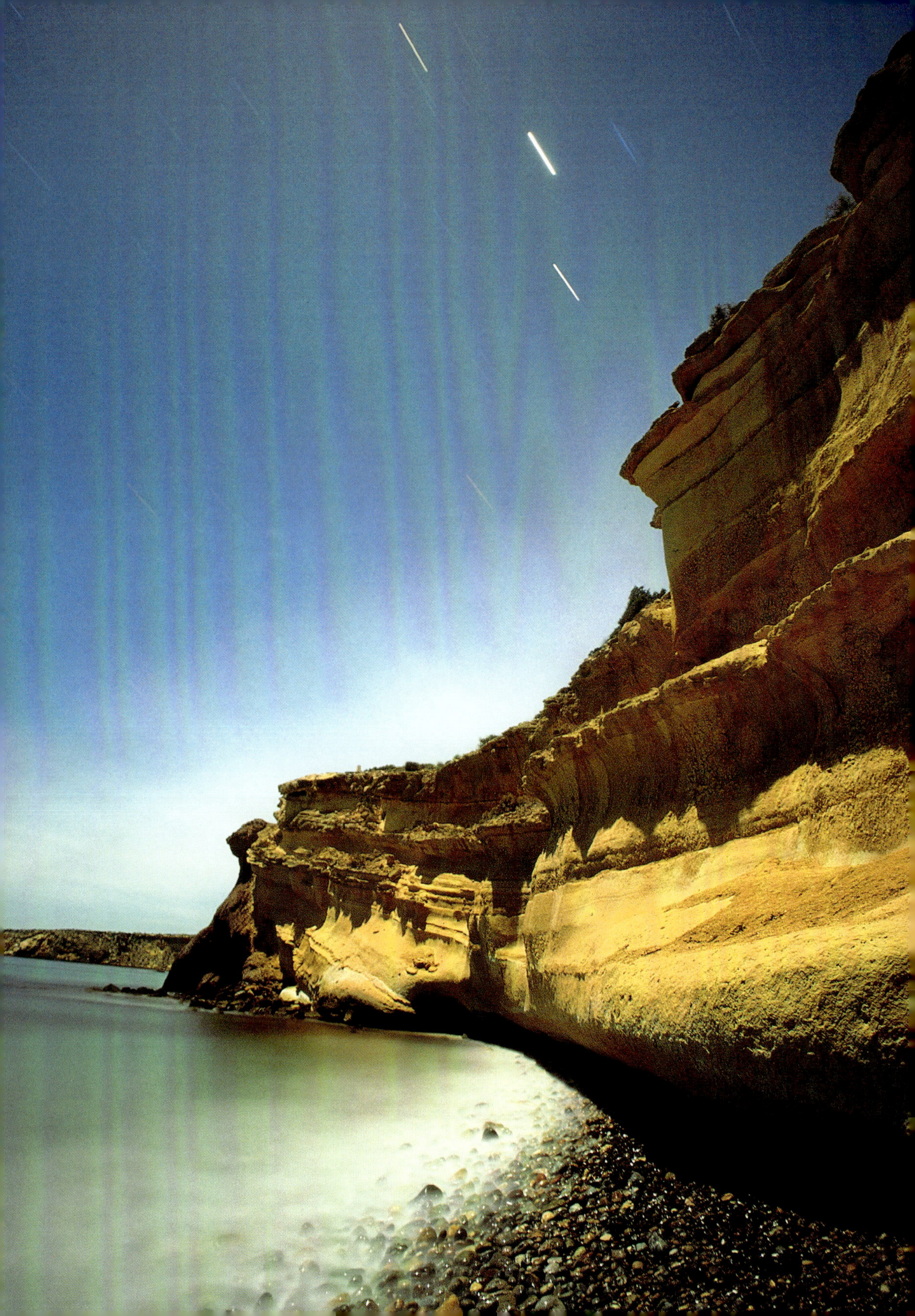

El Influjo de la Luna

Todo el campo se sobrecoge en su manto silencioso.
El búho cesa su reclamo y los anfibios de húmeda piel
se inquietan alrededor de la charca.
La tensión se rompe en el horizonte cuando la esfera roja aparece.
En perfecta sintonía con la madre
laten las aguas, los vientos, los seres.
Relaciones y armonías sumergidas, ocultas a la evidencia,
inconcebibles en su profundidad y complejidad.
Caprichosa y voluble,
muta su apariencia de amable a severa o enigmática.
Su reflejo vadea toda superficie y deshace el laberinto y el luto.
Bajo su resplandor se han celebrado aquelarres y bacanales,
han nacido seres desconocidos,
se han abierto criptas selladas.
La luna es cómplice, aún más, incitadora.
Su influencia maneja voluntades y aturde tenacidades,
en su desafío se adueña de la triste inocencia del loco

CALA DE GUIJARROS

Anochece en la costa y los perfiles de las playas de guijarros o arena, cantiles y plataformas rocosas se ven alterados por la subida y la bajada de la marea. Las aves costeras de actividad diurna buscan un lugar resguardado para pasar la noche a salvo de los merodeadores de la costa. Muchos de los habitantes del litoral, como limícolas, gaviotas, cormoranes y ardeidas tienen también una actividad nocturna considerable, si bien precisan de ciertos niveles de luz. Las charcas intermareales constituyen un espacio idóneo para alimentarse de pequeñas presas sin arriesgarse en zonas peligrosas.

La Erosión Costera

La erosión marina actúa de forma implacable en la zona de rompientes. En algunos lugares del Mediterráneo las calizas conforman voladizos de varios metros que acaban cayendo durante algún temporal. El vulcanismo aflora en forma de escollos y chimeneas oscuras que emergen sobre las aguas.

El Influjo de la Luna

Costa Rocosa

La costa, en apariencia inanimada durante el día, cobra de noche una nueva dimensión. Voladores experimentados pueden continuar sus actividades, e incluso descansar en una especie de sueño, en pleno aire. Repisas, cuevas, huras y porchadas de roca acogen los nidos de varias especies relacionadas en mayor o menor medida con el mar.

Paíño
(Hydrobates pelagicus)

Aves marinas, como paíños y pardelas, vuelan e incluso se alimentan durante la noche. Es entonces cuando regresan a los nidos para alimentar a su pollada. Reconocer en la oscuridad un pequeño hueco en una de las docenas de paredes que hay a lo largo de kilómetros de costa puede resultar a priori una tarea complicada. Por ello es fundamental tener un excelente conocimiento del terreno.

Paíño
(*Hydrobates pelagicus*)

El paíño es, como su especie en latín indica, un ave pelágica, la menor de las europeas. Es capaz de alimentarse de noche de peces, crustáceos y moluscos, así como de todo alimento que flote en el mar. Para ello está dotado de un fino olfato que le permite localizar el alimento. Es muy probable que éste sea de gran ayuda para localizar el nido en plena oscuridad. El nido suele estar ubicado en costas rocosas, en colonias de cría ocupadas por varias parejas. También se especula que pueda ayudarse mediante la emisión de sonidos, audibles para el hombre, para orientarse mediante la ecolocación.

Cala Ambolo

El mar de noche es especialmente fotogénico, ya que el agua se plasma como una neblina y aparecen colores y transparencias inusuales. Bajo las aguas los peces nocturnos -muchos son depredadores- ya han iniciado su actividad, mientras que en la superficie del litoral son sólo unas cuantas especies de aves y mamíferos las que no duermen durante la noche.

El Influjo de la Luna

96 NATURALEZA NOCTURNA

PARDELA CENICIENTA
(*Calonectrix diomedea*)

Las pardelas cenicientas acceden también a su nido en plena noche. Para llegar a la costa desde alta mar recorren largas distancias y luego deben encontrar el punto exacto de la entrada al nido. La ecolocación mediante sonidos es imprescindible para hallar la entrada a la cueva y no colisionar con las rocas. Los sentidos del oído y el olfato son un importante complemento de la visión en la localización de su cámara de cría. Sin embargo los accidentes no son infrecuentes: las aves pueden colisionar entre sí o bien contra algún obstáculo y caer al suelo. En tal caso se dirigen a la oquedad caminando por el suelo, si no hay una larga distancia. Una vez allí los enfrentamientos son frecuentes hasta que cada individuo encuentra su nido. En ocasiones se producen luchas cruentas, pero no encarnizadas. La puesta consiste en un solo huevo, que incuban durante casi dos meses. La alimentación nocturna de esta pardela está demostrada. Captura invertebrados, peces y plancton de la superficie del mar o bien de su interior mediante cortas inmersiones.

Puerto de la Restinga

Las poblaciones costeras disfrutan de un contacto permanente y asegurado con la Naturaleza, por lo menos en la parte que da al mar. Este puerto pesquero en la Isla de El Hierro es un lugar siempre interesante para las gaviotas y los charranes común y patinegro, que se posan sobre las embarcaciones a descansar. Las orillas de las playas y la costa rocosa atraen a los limícolas, un amplio grupo biológico que incluye aves de pequeño tamaño, como el correlimos menudo, hasta algunas del porte del zarapito real.

El Faro del Cabo de Barbaria

Construcciones como los faros interactúan con la fauna, sobre todo aves, y no siempre de forma positiva. Sus luces en ocasiones atraen a bandadas en migración y ocasionan grandes bajas en los grupos de aves migrantes. La luz de su mecanismo puede ser confundida en días nublados con la luna y provocar colisiones contra sus cristales: el fin opuesto para el que fueron concebidos.

Molinos de viento

Las construcciones costeras también tienen relación directa con la fauna que habita en el litoral, tanto diurna como nocturna. Las torres vigía erigidas para vigilar las idas y venidas de los piratas berberiscos son atalayas perfectas para las rapaces y, en algunos casos, lugares de anidamiento. Ruinas como antiguos molinos de viento o masías, prestan sus agrietadas paredes de piedra tanto a aves como a mamíferos de pequeño tamaño.

CALA DE LOS TIESTOS

Las luces de unas casas cercanas a la cala de guijarros se mezclan con la de la luna y crean diferentes coloraciones debido a la mezcla de temperaturas de color. Durante la noche, en verano, docenas de personas se dan cita en la Cala de los Tiestos, en Benitatxell, provincia de Alicante, para celebrar veladas mágicas. Docenas de velas iluminan la playa y la culminación de la ceremonia es un baño en el mar, entre los reflejos de la luna llena.

TORRE VIGÍA

A lo largo de toda la costa del Mediterráneo, Carlos III edificó un sistema defensivo ante la amenaza que suponía las incursiones de los piratas berberiscos. Las construcciones más frecuentes y rentables eran las torres fortificadas. Los castilletes más capaces permitían la instalación de seis cañones de 24 libras. El aspecto de estas últimas es de castillos en la línea de costa, achatados y con patio semicircular en el que se ubicaba la artillería.

ACANTILADOS Y PINAR DE BARBATE

La provincia de Cádiz tiene una costa con grandes valores paisajísticos, desde el punto de vista tanto natural como histórico. En Barbate, lindando con el carismático faro de Trafalgar, hay una gran extensión de pinar próximo al mar donde se oculta un reptil de aspecto primitivo. Mientras amanece entre brumas, el camaleón *(Chamaeleo chamaeleon)* sigue durmiendo.

Camaleón
(*Chamaeleo chamaeleon*)

Nadie diría, viéndole dormir despreocupado con su característico tono blanquecino, que el camaleón es un reptil extraordinariamente especializado -una joya de nuestra Naturaleza- y que es capaz de proyectar su lengua pegajosa a unos 30 cm de distancia, en una fracción que dura la veinticincoava parte de un segundo. Ni siquiera los insectos de reflejos más rápidos son capaces de escapar a este impacto.

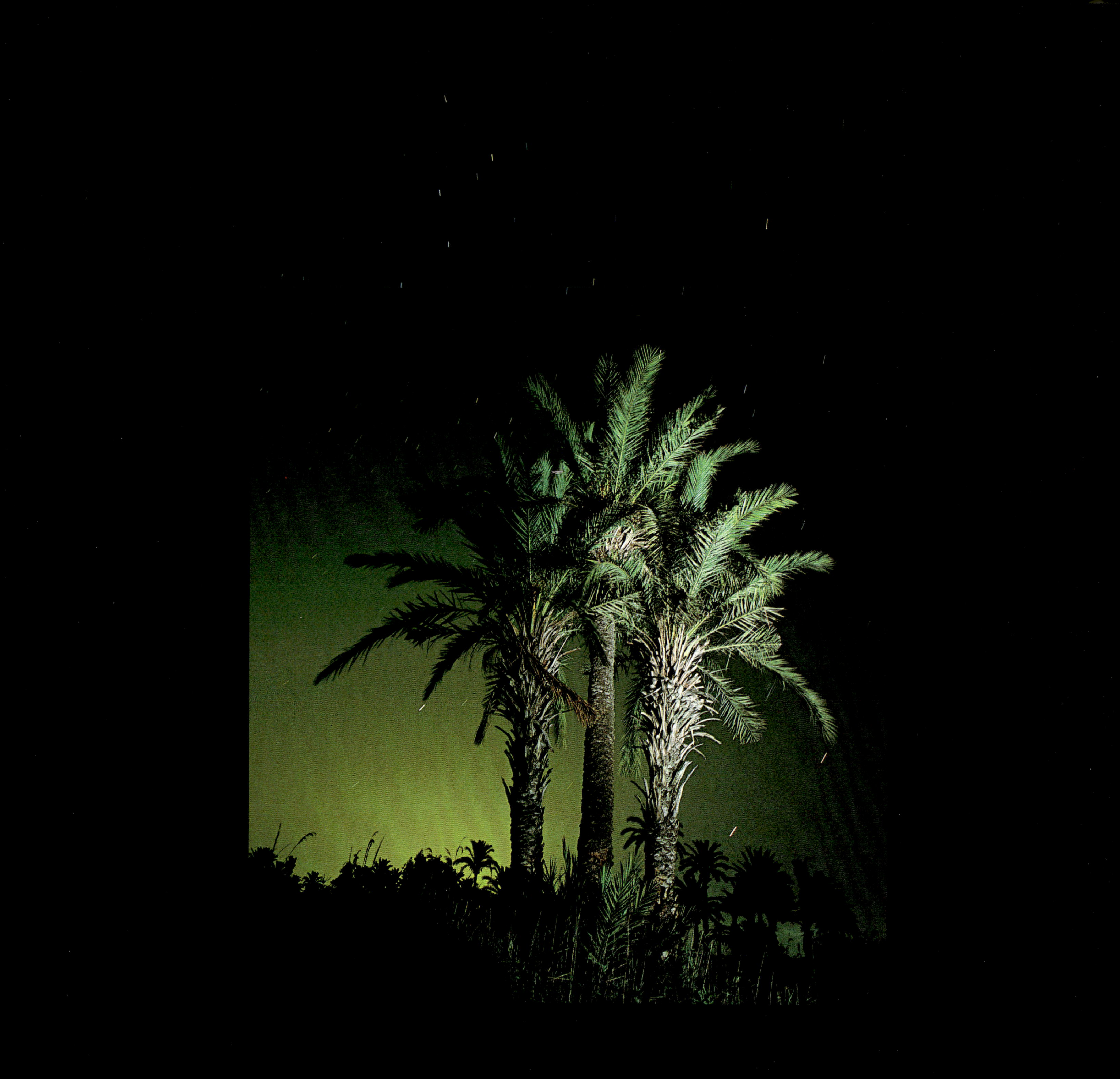

Baños de Estrellas

Desgarrada la nube, se adivina el paisaje cristalino y vertical.
Profundidad de abismo al que se asoman los nómadas:
seres anclados entre claroscuros y espesuras,
sufriendo la monotonía de los días que pasan
y la paz de cada nuevo crepúsculo.
Desde las brumas del tiempo sus lamentos de soledad
se prolongan sobre la efímera vida de los Hombres.
Testigos inexorables del tiempo, de lo esencial, de referencias inmutables.
Vidas apacibles sólo turbadas por el latir de ciclos longevos como vidas apacibles.
Estoicos ante la noche, les sorprende la infinita espiral del Cosmos,
que los integra en su eje.
Sólidamente enraizados en lo profundo,
resisten su vertiginoso ritmo sin resentimiento.
Verticales y desafiantes columnas, intentan en vano unir tierra y cielo
-frágiles e ingenuos en el fondo-.
Tras su agonía insondable y milenaria dormirán al fin
sobre las almohadas de la Tierra.

CASTILLO DE PENELLES

Un pequeño castillete medieval en ruinas con su esbelta torre ha quedado enmarcado en un paisaje eminentemente agrícola. Los campos de secano de almendros, algarrobos y olivos acogen a una fauna diversa. La noche es un coro de cantos de insectos, anfibios y aves nocturnas como el autillo, que emite un monosílabo canto durante su presencia estival.

Encina
(*Quercus ilex*)

La encina o carrasca es uno de los árboles de ámbito mediterráneo por excelencia. Su historia se pierde entre los mitos de las diversas civilizaciones que han convivido con ella, mientras que su presente está marcado por el cambio climático y por una selvicultura inclinada hacia especies de crecimiento más rápido.

ENCINA
(Quercus ilex)

La gran encina está inmersa en un mar de cultivos, distante unos centenares de metros del bosque. Vista desde fuera nadie sospecharía que es el posadero más frecuentado por el búho real. Sus presas son, sobre todo, los conejos que se alimentan en el cereal. Sin embargo las bellotas atraen al ratón de campo e incluso a algunas aves diurnas, que se alimentan de ellas hasta el crepúsculo.

GATO MONTÉS
(*Felis sylvestris*)

El gato montés merodea en las horas crepusculares por los remansos y manantiales en espera de cazar algún pequeño pájaro, de los que acuden a saciar su sed antes de buscar un dormidero. Durante la noche pierde su interés por la proximidad del agua, ya que sólo acudirán mamíferos de cierto porte. Entonces se dedica a campear por prados y campos para sorprender algún conejo, micrótido o roedor.

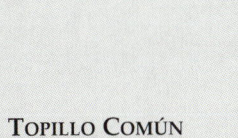

TOPILLO COMÚN
(*Microtus arvalis*)

Para el topillo común, todo lo que le rodea supone un peligro oculto. La escasa visibilidad de la que goza inmerso en un mar de hierba le priva de conocer lo que hay en unos metros alrededor. Expuesto al acecho de la gineta, del gato montés o del cárabo, apenas puede hacer otra cosa que arriesgarse a buscar alimento.

Bunker

Construcciones históricas maltratadas por el tiempo han ido integrándose en el entorno hasta que, finalmente, suelen ser engullidas por él sin dejar rastro. El proceso es lento, pero la erosión y la meteorización no tienen prisa alguna. Es lo que sucede con pequeñas edificaciones que llevan en pie desde algunos decenios hasta varios siglos, caso de masías, pozos de nieve e incluso un bunker costero de nuestra Guerra Civil. Estas construcciones constituyen un inestimable recurso para la fauna.

TORRE DEL PIRULICO

Erguidas frente al mar y en un estado de conservación muy variado, centenares de torres vigía miran hacia el Mediterráneo, convertidas en nicho de nidificación para aves rapaces, córvidos, túrdidos e hirundínidos. En el parque natural de Cabo de Gata, en Almería, las torres miran al mar desde las considerables alturas de los cantiles, que les dan una posición privilegiada sobre el entorno.

Desertificación

Las tierras arcillosas y margosas conforman buena parte de nuestros paisajes más áridos. Son sustratos lábiles, que se disuelven con facilidad en el agua y que padecen la erosión merced a esta fragilidad. Los fenómenos de desplome y acarcavamiento son muy frecuentes. Sin embargo en estos desiertos se localizan muchos endemismos vegetales ibéricos adaptados a la extrema aridez.

SAPO CORREDOR
(*Bufo calamita*)

Hay un anfibio capaz de desafiar condiciones muy adversas de sequía, el sapo corredor. Resulta paradójico que un sapo, que precisa mantener su piel con cierto grado de humedad, pueda vivir en zonas desérticas, pero el sapo corredor ha sabido adaptarse, tanto en su dieta, como en sus costumbres. Por supuesto no sale de sus escondites más que durante la noche o en días lluviosos.

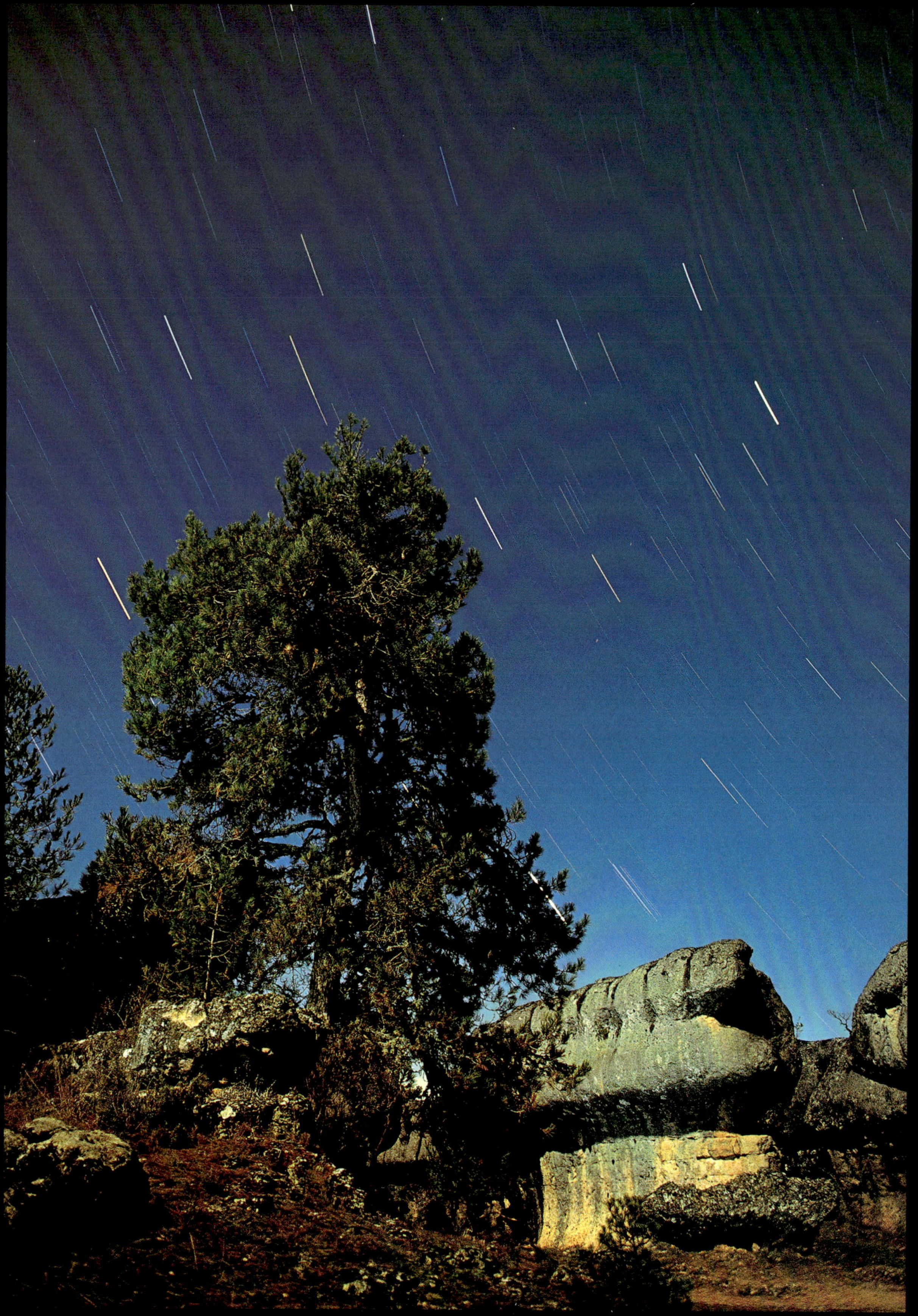

La Noche y El Bosque

Desde siempre la noche y el bosque aliados en las sombras,
protegiendo a los Otros;
habitantes de tiniebla y maraña.
Seres del crepúsculo, voluntades siempre tornadizas:
Ahora benignas, ahora fatales.
Aullidos y susurros, idiomas antiguos y signos en la piedra.
Árboles de encantamiento y sortilegio.
Lobishomes, trasgos, brujas, gnomos, hadas...
Y Olmos, Tejos, Madroños, Abedules...
Árboles de ahorcados y encrucijada de caminos.
Árboles de vida y muerte.
Árboles de alquimia y bebedizo.
Bosques y árboles que forman parte de la leyenda y la historia,
de la fábula y la religión.
Árboles de Cábala y caminos iniciáticos, árboles de santos y de místicos.
Y druidas, los viejos sabios del Roble, cósmicos y telúricos a un tiempo.

Jabalí
(*Sus scropha*)

La noche ampara al jabalí en sus correrías nocturnas. Los grupos familiares comienzan su actividad en el crepúsculo y se desplazan a los linderos del bosque para buscar alimento. De noche es más fácil oír a los jabalíes que verlos. Son una especie ruidosa, ya que resoplan sin cesar, gruñen y andan sobre la hojarasca como si nada les preocupara.

Ciudad Encantada

La Ciudad Encantada, en Cuenca, es un marco perfecto para aventurarse de noche en busca de la fauna que permanece escondida durante el día. Sus grandes formaciones rocosas se ven animadas con la presencia de los animales nocturnos. Además de cérvidos, que caminan entre los callejones y bajo las arcadas, otros mamíferos, como el tejón, se atreven a transitar por los descampados hasta los hormigueros, que saquean con sus fuertes uñas. No debe sorprendernos el canto del cárabo o del búho real; desde las alturas de los tormos y de las moles que parecen osos gigantescos, acechan a los jóvenes conejos de monte. En la Península Ibérica, pocos escenarios hay tan grandiosos en la noche como éste. Resulta sobrecogedor contemplar el resultado de miles de años de erosión sutil y paciente.

BÚHO REAL
(*Bubo bubo*)

Sedentario, pero no estrictamente afincado en su territorio durante el otoño, el búho real ha elegido una añeja encina como posadero predominante desde el que acechar a los herbívoros que acuden a saborear las bellotas.

LIRÓN CARETO
(Eliomys quercinus)

El lirón careto es uno de los roedores forestales más llamativos. Su vida se desarrolla entre dos medios, el arborícola y el terrestre. Es una especie muy importante en la dieta de numerosos depredadores, por lo que tiene una tasa reproductiva alta, del orden de las seis crías por parto y dos o más partos al año. Los jóvenes lirones nacen muy poco desarrollados y su crecimiento es lento, ya que no abren los ojos hasta las tres semanas de vida. Nada más nacer se alimentan de leche materna y de saliva, que parece tener sustancias importantes en su desarrollo. Su dieta es básicamente animal, a base de insectos, nidadas y pequeños vertebrados. Resulta muy interesante su depredación sobre una temida plaga forestal: la oruga procesionaria del pino. En otoño desplaza su alimentación hacia materias vegetales, como frutos y semillas.

Ciudad Encantada

La Ciudad Encantada de Cuenca ofrece a la fauna una sustanciosa variedad de hábitats. El pinar rodea las formaciones de piedra, en los llanos se forman charcas temporales y hay setos y enredaderas intrincados donde nidificar u ocultarse. La presión de los visitantes humanos durante el día inclina la balanza hacia la fauna nocturna, que se deja ver en cuanto la puerta del parque se cierra.

GAVILÁN
(*Accipiter nisus*)

Algo ha despertado al gavilán en su dormidero: el crujido de una rama o el canto de una rapaz nocturna. Ambos pueden ser presagios o amenazas reales. Una marta o un gato montés podrán aprovechar la gran ventaja que les otorga la noche para hacer de él su presa. De la misma forma puede ser atacado mientras descansa por el cárabo o el búho real. Durante la noche el gavilán deja de ser un depredador para convertirse en una indefensa presa.

Bosque en Pirineos

Los bosques de Pirineos, Asturias y la Cornisa Cantábrica albergan importantes poblaciones de animales que han sido desterrados de otros lugares menos extensos o más accesibles. Especies como el oso pardo o el urogallo comparten el hábitat con corzos y jabalíes.

Urogallo
(*Tetrao urogallus*)

La Cornisa Cantábrica, impenetrable en muchas zonas, esconde en su interior al urogallo. Es un ave poderosa y de gran tamaño. Los machos sobrepasan los 4 kg de peso. Vive en zonas montañosas con bosques de hoja tanto caduca como perenne. Emite su canto desde un posadero predominante, en horas crepusculares. Allí exhibe también su comportamiento de celo en la tranquilidad de la anochecida. Su alimento se compone de invertebrados y de materias vegetales muy variadas, que incluye las acículas del pino.

124 Naturaleza Nocturna

GAMO
(*Dama dama*)

Al igual que la gineta, el gamo es una especie introducida desde Asia Menor. Antes de la última glaciación debieron vivir en gran parte de Europa, pero sucumbieron al frío. Los gamos que ahora conocemos fueron introducidos en tiempos de la ocupación romana. Pueden mantener una considerable actividad nocturna, sobre todo en los meses estivales, en los que descansan durante el día en lugares frescos, y durante la época de celo.

CÁRABO
(*Strix aluco*)

Tras una noche intensa, la pareja de cárabos está a punto de retirarse desde su posadero al pinar, en cuyo ramaje a varios metros sobre el suelo se mimetizan para afrontar los peligros del día. El cárabo es una rapaz nocturna que, pese a su talla discreta, puede capturar presas de considerable vigor, como una paloma o un conejo.

INCENDIO FORESTAL

El pino carrasco conforma grandes extensiones de bosque en toda la vertiente mediterránea. Es un árbol de crecimiento rápido, no muy longevo, y con unos requisitos de agua y sustrato muy bajos, por lo que ha colonizado incluso lugares muy áridos y laderas expuestas a la solana. Como contrapartida el pino carrasco es resinoso y arde con gran facilidad, especialmente en verano. En lugares abruptos, con pinares densos y en determinadas condiciones climatológicas (vientos de poniente fuertes, etc) los medios de extinción sólo pueden cruzarse de brazos y esperar a que el fuego llegue a lugares favorables.

La Noche y el Bosque

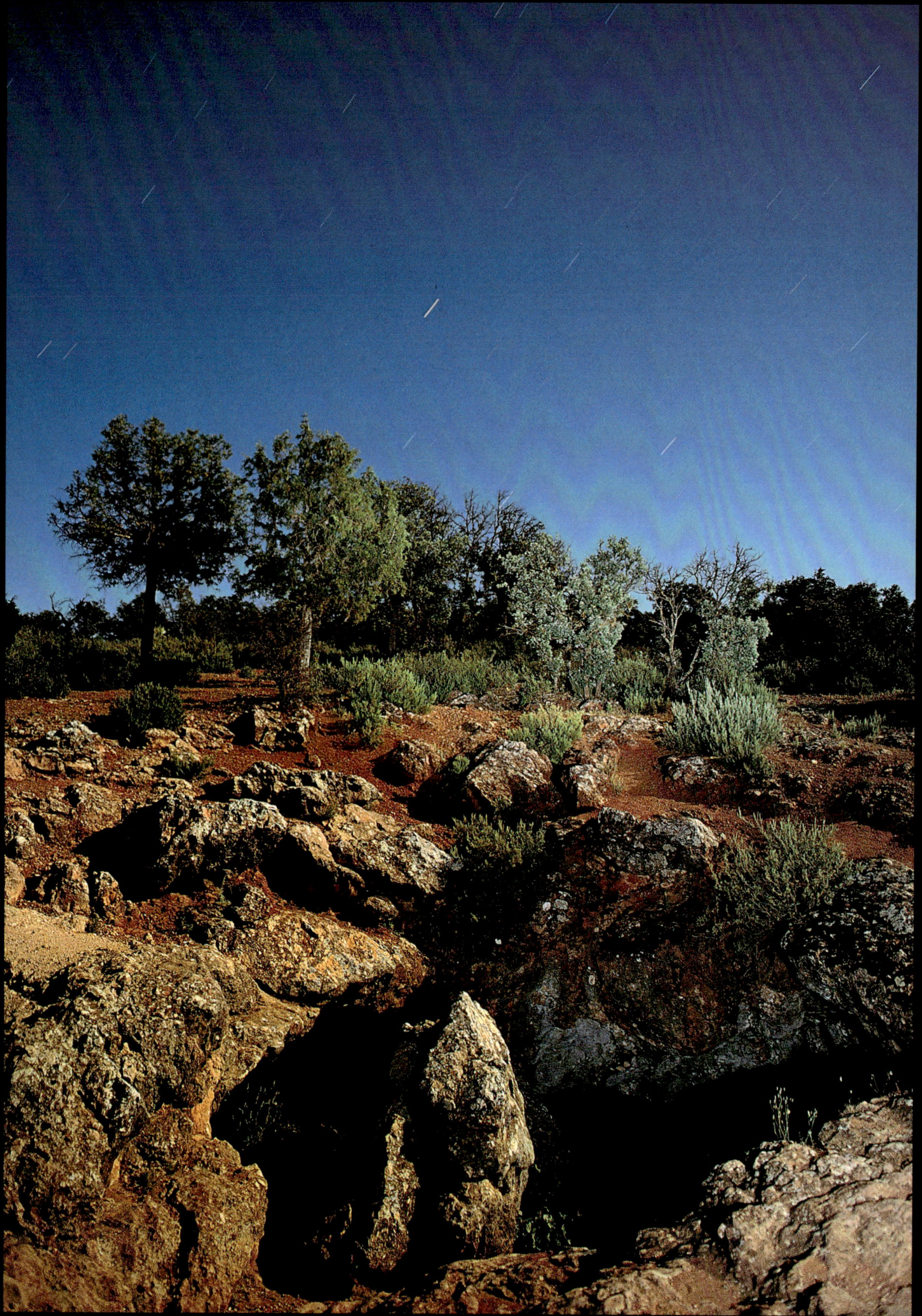

OSCURIDAD ETERNA

*Impenetrables mundos ocultos a la mirada
bajo masas ingentes de rocas, de ramas, de troncos.
Mundos vetados a la luz, refugio de los noctámbulos.
Simas, cavernas, bosques espesos, cuevas, criptas,
ruinas y umbrías que esconden a los durmientes.
Largas esperas para pasar de la oscuridad a otra mayor.
Retinas dilatadas hasta máximos inconcebibles, hurtadas a la luz desde siempre.
Mundos aparte de vidas pasadas,
de secretos avisos, de calladas confidencias.
Lóbregas moradas de los Otros: seres malditos y perseguidos.
Heridas de la Tierra por las que fluye la vida de fuera adentro
y a la inversa, siempre que el cielo se tiñe.
Mundos frágiles, cálidos, perdidos tras invisible puerta.
Equilibrios perfectos y armónicos creados durante el latir de la Madre, en su seno.
Espacios autosuficientes, perfectos.
Sepulcros tan solo violados por curiosos iluminados.*

TUMBAS ANTROPOMORFAS LABRADAS EN LA ROCA

El parque natural de los Alcornocales y sus alrededores acogen diversas manifestaciones de culturas neolíticas como dólmenes, conjuntos funerarios y pinturas. Son varios los grupos de tumbas dispersas por la zona, pero destaca un conjunto de varias docenas de tumbas orientadas todas a sol naciente en la Sierra de Betis. Los cuerpos de los difuntos se dejaban momificar en estos huecos. Hay incluso pequeñas tumbas de diverso tamaño para niños.

Pinturas Rupestres del Bacinete

Un grupo aislado de grandes piedras rodeadas de helechos y alcornoques en un entorno que ha permanecido inalterado durante siglos alberga pasadizos, cuevas y abrigos que debieron estar habitados. Este conjunto ubicado en un pequeño abrigo constituye una impresionante escena cinegética, en la que se aprecian figuras humanas armadas. Entre ellas destaca la del llamado "gigante", armado con un hacha. En la representación aparecen cérvidos y cánidos.

NAVETA DES TUDÓNS

La Naveta des Tudóns, en Menorca, se recorta contra el cielo con su apariencia ancestral. Sobrecoge el aspecto sobrio en forma de nave invertida, que oculta el sepulcro en el que se encontraron decenas de cuerpos enterrados y objetos diversos. Más de siete milenios han transcurrido desde que un clan aunara esfuerzos para alzar unas piedras que, en conjunto, pesan varias decenas de toneladas. De hecho está considerada como la edificación más antigua de Europa. Sin duda es uno de los elementos más enigmáticos de la Edad del Bronce, junto con las taulas y los talaiots, -buen ejemplo de la arquitectura ciclópea o megalítica del Mediterráneo-.

Rinolofo Mayor
(*Rinolophus ferrum-equinum*)

El rinolofo mayor habita tanto en cuevas y troncos de árboles como en oquedades de los edificios, junto al hombre. Su dieta se compone exclusivamente de insectos que captura en vuelo: polillas, efímeras, escarabajos y otros insectos voladores nocturnos. El rinolofo se orienta mediante la ecolocación. Emite ultrasonidos que, a modo de sonar, le permiten localizar a sus presas y detectar obstáculos en su trayectoria. Sus grandes pabellones auditivos poseen una gran movilidad con el fin de recibir de vuelta estos sonidos.

Murciélago Ratonero
(*Myotis myotis*)

El murciélago ratonero sale de la sima de Lugas, en el término de Molina de Segura, en Murcia, apenas cae el sol. La sima alberga una pequeña colonia de cría cuyos efectivos se ven incrementados con otras especies que se refugian en otoño. En verano la actividad de este murciélago comienza bien entrada la noche, mientras que en otoño se adelanta al crepúsculo.

MURCIÉLAGO RATONERO
(*Myotis myotis*)

El murciélago más grande de los europeos posee anchas alas de más de 40 cm de envergadura. En la estación reproductiva las hembras forman colonias en las que no suelen haber machos adultos. En otoño pueden cambiar de cueva en busca de zonas más cálidas y con una elevada humedad ambiental, por lo que suelen compartir vivienda con algunas especies de anfibios.

COLONIA DE CRÍA DE MURCIÉLAGOS

En el interior de una cueva, en la serranía de Córdoba, los murciélagos descansan colgados de sus patas traseras. La profundidad de la cueva mantiene un microclima estable que les permite ahorrar mucha energía. La cueva se encuentra en las proximidades de un espeso bosque y de campos agrícolas donde la colonia se alimenta.

Cuevas de Nerja

Las cuevas de Nerja, en Málaga, albergan una espectacular columna calcárea reputada como la más grande de Europa. La Sala del Cataclismo se llama así porque padeció un desplome hace varias decenas de miles de años, justo la edad que tiene la gran columna, erguida sobre los restos de otras mucho más antiguas.

138 Naturaleza Nocturna

PARQUE NATURAL DE LOS ALCORNOCALES

La rica y variada vegetación, tanto arbórea como arbustiva, conforma un bosque denso en el parque natural de los Alcornocales, en Cádiz. En el caso de los bosques umbríos y espesos, la luz se filtra y llega con la intensidad de un amanecer o de un día nublado. La fauna nocturna prolonga en estos lugares su actividad e incluso especies de actividad nocturna en espacios abiertos, la desarrollan aquí a cualquier hora.

TOPO COMÚN
(Talpa europaea)

El topo común se ha convertido en una especie rara de ver en muchas zonas debido, entre otras causas, a la persecución a que se ha visto sometido y al cambio de las prácticas agrícolas. Ocasionalmente sale a la superficie, sobre todo de noche. En su mundo de oscuridad permanente depende de su olfato y de los pelos táctiles de su hocico.

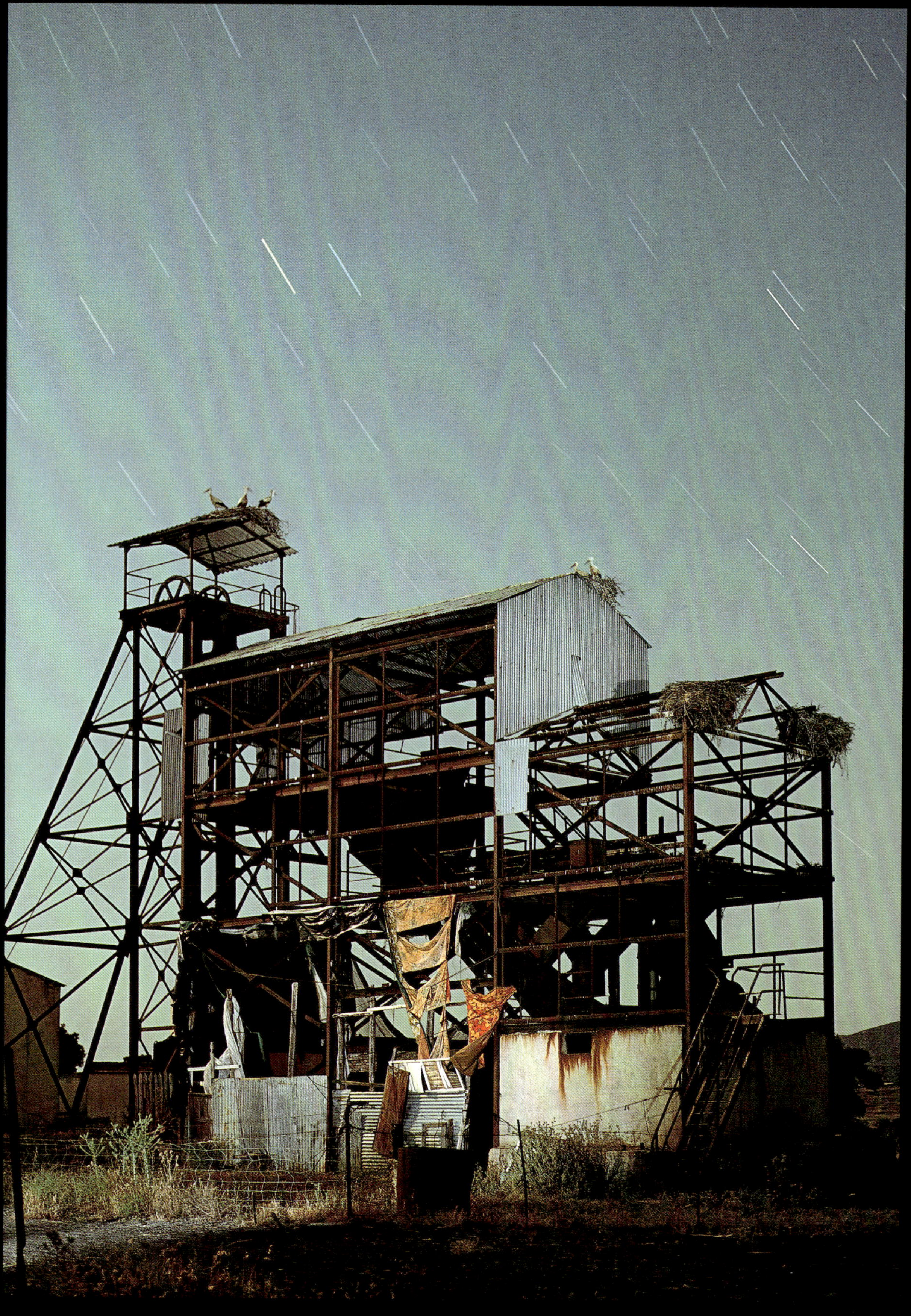

Paisajes de Brujas

Ruge el viento por los montes sin rienda que lo guíe,
animado por desconocida esencia que lo enardece.
Bebe su aliento el ancho páramo,
que se contagia y siente su frío en las entrañas.
Oraciones de Templarios y correrías de lobos,
cavernas y cobijos donde el sol nunca penetra.
Ruinas tapizadas de hiedra,
tumbas ocultas por espesa hojarasca,
puertas al abismo tras la enredadera.
En sus paredes se dibujan siluetas de seres que no existen,
memorias y deseos que resisten el olvido.
El paisaje es un gigante, descomunal y soberbio, cautivo en la piedra.
Dunas, ríos, valles, montañas, bosques y playas
respiran el Cosmos y participan de su inercia.
Rocas verticales y torrenteras que canalizan las fuerzas telúricas.
Intercambios universales invisibles que escapan a toda comprensión.

BRUMAS NOCTURNAS

Uno de los fenómenos meteorológicos de apariencia más extraña en la noche es el de las brumas y nieblas que se producen en noches especialmente frías en los cauces de ríos. La mayor temperatura del agua provoca jirones de humedad que ascienden hasta desaparecer.

Alcornoque
(*Quercus suber*)

Un alcornoque recién descorchado nos muestra su tronco rojo al descubierto, sin la protectora capa rugosa que forma su corteza. El alcornoque tiene una gran importancia ecológica en aquellos lugares, como Monfragüe, donde está presente en grandes extensiones. Además de albergar en su copa los nidos de aves de gran porte, una pléyade de pequeños animales pululan siempre a su alrededor. Su fruto, la bellota, es un alimento fundamental para muchas especies.

Olmo
(Ulmus minor)

A pesar de encontrarse en un campo dedicado a la agricultura de cereales, el viejo olmo ha sido respetado. Su tronco, varias veces centenario, ofrece cobijo y posadero a varios habitantes de la noche. Incluso el cárabo viene a posarse en sus ramas para cazar.

Gineta
(Genetta genetta)

La gineta es un vivérrido que pudo llegar a la Península de mano de los árabes, domesticada como un gato. Sus andanzas son fundamentalmente nocturnas, para lo que está muy bien adaptada. Es un animal silencioso, ágil y muy eficaz en sus lances. Un tupido pelaje le aisla de los rigores del clima y por ello se le puede encontrar desde el nivel del mar hasta en zonas altas de montaña. Sus garras son retráctiles, como en el caso de los felinos, con lo que evita su desgaste y hacer ruido al caminar.

EL PAISAJE DESÉRTICO

Los paisajes desérticos resultan muy evocadores y de una gran belleza. Las formas erosionadas y conformadas por la aridez cobran volumen con la luz lateral del sol o la luna. Es posible que durante la noche aparenten todavía una mayor belleza y dimensión que durante el día.

El Salto del Gitano

Uno de los lugares más conocidos por su excelencia en fauna es el Parque Natural de Monfragüe, en Extremadura. Sobre el río Tajo se alza la mole que conforma el Salto del Gitano. Peña Falcón es su nombre y acoge decenas de nidos de buitre leonado, uno de cigüeña negra, varios de alimoche, así como de búho real.

148 Naturaleza Nocturna

Cabra Montés
(Capra pyrenaica victoriae)

Un viejo macho montés recorta su silueta al anochecer en plena Sierra de Gredos, Ávila. Pronto comenzará el invierno, pero las cabras ignoran el rigor de la noche y la helada. La época de celo atrae a los machos junto a los pacíficos grupos de hembras. Los retos culminarán en espléndidos enfrentamientos incruentos en los que los machos de mayor vigor entrechocan sus cabezas. Los topetazos de los cuernos se oyen a varios kilómetros de distancia.

Barranco del Sing

Luces de diversas tonalidades se reflejan y rebotan, imperceptibles a nuestros ojos. Nos pasa desapercibida la cálida luz lunar, la verdosa de los paseos iluminados con bombillas fluorescentes, las amarillo- anaranjadas del tungsteno. Esas dominantes se reflejan en objetos muy distantes de ciudades, aldeas y monumentos. La apariencia resultante no deja de sorprender: donde apenas veíamos un perfil, la montaña se tiñe de aúreo color, el cielo con neblina aparece verde esmeralda...

Ciudad Encantada de Bolnuevo

En algunos casos son el viento y la lluvia los que modelan el sustrato mineral de diferente manera. Las partes más blandas son erosionadas y desaparecen, dando forma a extrañas figuras y conjuntos. Es lo que ha sucedido en la Ciudad Encantada de Bolnuevo, en Mazarrón, provincia de Murcia, por la actuación de la erosión marina sobre arenas fósiles. Las Bárdenas Reales, en Navarra, están formadas por arcillas acarcavadas por el agua. Más conocido es el caso de la Ciudad Encantada de Cuenca, llena de siluetas y de curiosas formas incluso bautizadas. El torcal de Antequera, con materiales de gran antigüedad es similar, pero con formas alargadas, no por menos evocadoras, menos bellas.

Bárdena Blanca

El paisaje desértico de las Bárdenas Reales se extiende a lo largo de una vasta superficie, en la que todavía quedan algunos recintos militares. Las maniobras de carros de combate y de la infantería en estas llanuras, rotas por montañas de arcilla, se han compaginado con las andanzas nocturnas de varias especies, incluidas anátidas que frecuentan las lagunas recónditas del paraje.

152 Naturaleza Nocturna

Los Arcos

Caprichosas formas de la naturaleza en el paisaje son fruto de la erosión y del colapso de cuevas, quedando conformados arcos y rocas de formas curiosas que espolean la imaginación. Tal es el caso del arco de Tajao, en Tenerife, del Arco del Pirulico en Cabo de Gata, en Almería, o del arco doble de Castell de Castells, en Alicante, curiosamente próximo al mayor conjunto de arte rupestre del Levante.

Cabo de Gata

Una de las reservas marinas más bellas tanto en las profundidades como en la superficie es la de Cabo de Gata, en Almería. La aridez de este litoral contrasta con las formas volcánicas que se yerguen a pie de mar. Estos escollos y chimeneas afloran también algo alejados de la costa y constituyen peligrosos bajíos para la navegación. Cabo de Gata cuenta con algunas playas de gran belleza, como la del Mónsul, Los Muertos o El Algarrobico.

PAISAJES DE BRUJAS 155

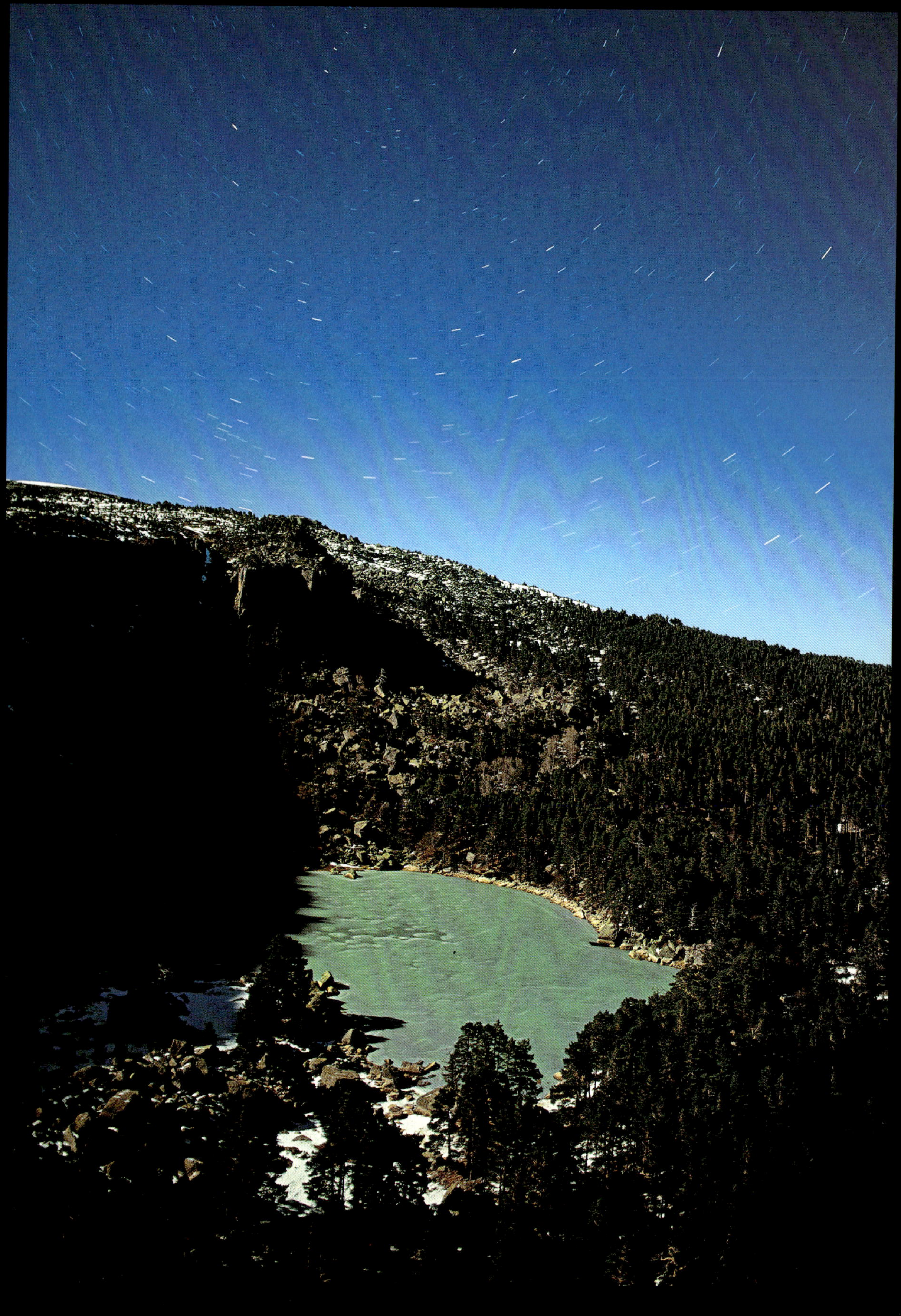

Los Cuchillos del frío

Luna fértil, unida al agua que te eclipsa con nieblas, nevadas y ventiscas.
Luna de los marineros que no volverán a tierra.
Luna de los niños que no nacerán.
Luna de suelo helado y cuerpos ateridos.
Luna del cuchillo blanco.
Siempre entre la vida y la muerte, sustentas a ambas.
En tu cuna el filo del hielo no tiene tregua.
¡Frío, que no duermes!
Has rasgado la noche para clavar tus cuchillos blancos,
tus cuchillos limpios.
Luna de la sed insaciable.
Dueña del aliento que escapa de las gargantas.
Cuando estés sola en la noche
recuerda que el arcángel no vuela de día.

Rayos Durante una Tormenta

Una tormenta con abundante descarga eléctrica hace presagiar el inicio del invierno. El viento Norte empuja la borrasca a descargar la lluvia sobre el Pico Urbión, en Soria. Allí las temperaturas ya han bajado muy por debajo de los cero grados y la primera nevada del año cubre el paisaje.

Zorro
(*Vulpes vulpes*)

Las correrías nocturnas del zorro le llevan a campear muchos kilómetros. Durante la noche rastrea todos los olores que puedan prometer algo de alimento. Si la suerte no le acompaña siempre podrá recurrir a los vertederos. Esta noche la nevada tapará cualquier rastro de olor, pero a cambio tendrá más oportunidades de capturar pequeños mamíferos que se mueven con dificultad sobre el blando sustrato.

SIERRA DE URBIÓN

El ascenso a la meseta que lleva al pico Urbión, en Soria, se realiza por una empinada senda, helada durante los meses más fríos del año, inaccesible para los que no van preparados con equipo especial para hielo. Una vez arriba, el paisaje cambia y se muestra más austero en la composición vegetal.

La Nevada

La nevada no ha sido abundante y tan sólo se acumula medio metro de nieve. Las sendas con huellas de haber sido transitadas frecuentemente por montañeros desaparecen y el paisaje cobra una nueva dimensión, más desolada.

LA LAGUNA NEGRA

Uno de los paisajes más evocadores de toda Iberia es la Laguna Negra de Soria. La laguna se encuentra rodeada de montañas de las estribaciones de la Sierra de Urbión. El pino silvestre y el negral conforman a su alrededor un bosque que rivaliza con la magnitud de los cortados. Durante los meses invernales la laguna se hiela y proporciona un paisaje con una estética sorprendente.

LA LAGUNA NEGRA Y MACHADO

No pasó desapercibido este lugar para el gran poeta Antonio Machado. La Laguna Negra aparece en una de sus poesías más conocidas y apreciadas. En "La Tierra de Alvargonzález" se recoge la historia de una familia acosada por la desgracia y la maldición cuando dos de los hijos matan al padre para heredar su tierra y arrojan sus restos a esta laguna.

Pozo de nieve

Las arquitectura rural, en creciente abandono, atrae a determinadas especies. Además de los nichos que proporciona la propia edificación, los campos de cultivo de los alrededores brindan muchas posibilidades para la nidificación o la obtención de alimento. Masías, pozos de nieve, molinos, puentes, cucos, aljibes, lavaderos y otras construcciones antiguas con paredes de piedra, constituyen un recurso para la fauna por sí mismas.

EL MOJÓN

Un mojón en un cruce de caminos separa las propiedades de los extensos campos de cereal en Chinchilla, Albacete. Durante la noche se convierte en punto de marcaje de olor para los zorros y en posadero para las rapaces nocturnas.

Garduña
(*Martes foina*)

La garduña habita en zonas rocosas, frecuentemente abiertas, donde instala su madriguera. Es una especie con una dieta muy variada que puede consumir una gran diversidad de alimentos: insectos, setas, frutos, roedores, aves, carroña, huevos, etc. Con frecuencia los grupos familiares permanecen unidos hasta que las crías alcanzan una talla de adulto y se independizan.

TORCAL DE ANTEQUERA

Los roquedos del Torcal, en Antequera, Málaga, son el hábitat idóneo para un mamífero de hábitos rupícolas como la garduña. Los arbustos que salpican el paisaje le permitirán cambiar su dieta en otoño y desplazarla hacia los frutos silvestres de especies como el cabrahigo, el escaramujo o el madroño.

Los Cuchillos del Frío

Motivos

PORTADA Y PÁGINA 3
Nidos de cigüeña (*Cicconia cicconia*) en el Parque Natural de los Berruecos. Malpartida de Cáceres. Cáceres.

PÁGINA 6-7
Costa de Bolnuevo. Mazarrón. Murcia.

PÁGINA 10
Puente del paso de Bujaruelo. Pirineos. Huesca.

PÁGINA 14
Luna llena en la que se aprecian los cráteres producidos por impactos de meteoritos, así como las "Tierras" y los "Mares".

PÁGINA 22
Lince (*Lynx pardina*)

PÁGINA 30
Búho real (*Bubo bubo*)

PÁGINA 46
Taula. Poblado talaiótico de Alaior. Menorca. Islas Baleares.

PÁGINA 47
Castillo de Belalcázar. Belalcázar. Córdoba.

PÁGINA 58
Cigüeñas (*Cicconia cicconia*) en el Parque Natural de los Berruecos. Malpartida de Cáceres. Cáceres.

PÁGINA 59
Barranco de Malafí. Tollos. Alicante.

PÁGINA 72
Río Ara. Ordesa. Pirineos. Huesca.

PÁGINA 73
Río Serpis. Beniarrés. Alicante.

PÁGINA 88
Costa en Bolnuevo. Mazarrón. Murcia.

PÁGINA 89
Costa de Benijo. Roques de Anaga. Tenerife. Islas Canarias.

PÁGINA 104
Palmera datilera (*Phoenix dactylifera*)

PÁGINA 105
Palmeral de Elche. Patrimonio de la Humanidad. Elche. Alicante.

PÁGINA 114
Pino negral (*Pinus nigra*). Ciudad Encantada. Cuenca.

PÁGINA 115
Pinar de pino carrasco (*Pinus halepensis*). Sierra del Maigmó. Tibi. Alicante.

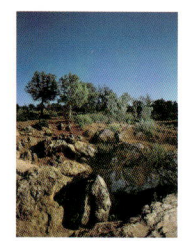

PÁGINA 128
Cueva de los Montesinos. Lagunas de Ruidera. Ciudad Real.

PÁGINA 129
Cueva de Nerja. Nerja. Málaga.

PÁGINA 140
Cigüeñas (*Cicconia cicconia*) en una gravera abandonada. Puertollano. Ciudad Real.

PÁGINA 141
Bárdena Blanca. Bárdenas Reales. Navarra.

PÁGINA 156
Laguna Negra. Sierra de Urbión. Vinuesa. Soria.

PÁGINA 157
Alt Maestrat. Castellfort. Castellón.